智元微库
OPEN MIND

成 长 也 是 一 种 美 好

高稳定父母

温和助推，让孩子自主写作业

杨杰 | 著

人民邮电出版社

北京

图书在版编目（CIP）数据

高稳定父母：温和助推，让孩子自主写作业 / 杨杰
著. -- 北京：人民邮电出版社，2024.3
ISBN 978-7-115-62380-5

Ⅰ．①高… Ⅱ．①杨… Ⅲ．①学习方法－家庭教育
Ⅳ．①G791②G782

中国国家版本馆CIP数据核字(2023)第145544号

◆ 著　杨　杰
责任编辑　陈素然
责任印制　周昇亮

◆人民邮电出版社出版发行　　北京市丰台区成寿寺路11号
邮编 100164　电子邮件 315@ptpress.com.cn
网址 https://www.ptpress.com.cn
河北京平诚乾印刷有限公司印刷

◆开本：880×1230　1/32
印张：6.5　　　　　　　　　　2024 年 3 月第 1 版
字数：150 千字　　　　　　　　2024 年 3 月河北第 1 次印刷

定　价：59.80 元（附小册子）

读者服务热线：（010）67630125　印装质量热线：（010）81055316
反盗版热线：（010）81055315

广告经营许可证：京东市监广登字 20170147号

稳住自己，给孩子高效陪伴

养育只需温和助推

这部书稿写作于 2020 年，完成后，我将其作为一个网络课程发布在自己的小平台上。素然老师是我另一本书《精准回应》的编辑，她非常喜欢这个课程，一直劝我出版成书，让更多的人看到。

我对素然老师说："出版这本书，我只有一个诉求，希望它能有一个我们双方都满意的名字。"素然老师特别用心，想了七八个书名，但我都觉得不理想。为此，我们通了一次很长时间的电话，继续讨论书名，实在理不出头绪的时候，素然老师反问我："你希望书名表达什么样的意思和感觉呢？"

这个问题还真把我问住了，这种感觉明明就在心里，但在那个瞬间，我却很难用一两句话表达，于是，我给素然老师讲了一个关于作业的小故事。

去年暑假，我和妹妹两家人都回老家探望父亲。见面之后，我很自然地问起读四年级的小外甥的暑假作业，妹妹一脸愁容地说："他每天拖拉磨蹭，2 页都写不完。"我看了一下小外甥的作业，果然空了很多。

当时，我们决定在市区住几天后再回农村的老院子去陪伴父亲。我把小外甥叫来谈判："回到老院子后，每天必定人来人往，根本没有写作业的氛围，所以，最合理的安排，是利用在市区的这几天把作业全部写完，你自己算一下，每天需要写几页？"

小外甥快速计算了一下，他惊讶的表情中掺杂着强烈的畏难情绪："每天要写 10 页！"我对小外甥说："没有更好的选择了，如果这几天不写完，回到老院子后，外面欢声笑语，你一个人埋头苦干，岂不更悲惨？"

小外甥想了想，同意了这个约定。

事后想来，这是一个多么疯狂的约定："2 页写不完是吧？好，咱每天写 10 页！"

　　我家里人一副看热闹不怕事儿大的表情，等着看我怎么拆解这道难题。很显然，小外甥并不会因为这个约定就变得更加积极。

　　一开始，小外甥写作业的状态不好，依然是 2 页都写不完，又懒散又抗拒。对此，我做了充分的预判，知道他肯定会磨蹭。我告诉自己，不要生气，也不要唠叨他。但我知道，放任他自己挣扎，最终他多半会敷衍，甚至放弃，所以，看他到客厅晃悠、聊天，我会等待合适的时机，给他一个简单的指令："写作业去。"有时候，我也会用激将法调侃他："哎呀，你看我们做了这么多美食，如果你写不完就不能吃，我们又吃不完，那多可惜呀！你不知道我们多期待与你共进午餐呀。"然后乐呵呵地鼓励他："都写一多半了，看到曙光了，我们等你吃饭啊。"就这样，我耐心地陪了他两三天，他写作业顺畅多了。结局没有悬念，每天上午写 5 页，下午写 5 页，全部完成。

　　后来得知，去年下半年开学后，小外甥一般情况下都能在学校写完作业。我安排他暑假来大理玩，期末考试前夕，他说学校提前发了暑假作业，他已经写完了 40 页，我非常惊讶。一个星期之后，他特意打电话告诉我，他把剩下的 50 页作业也写完了，完成了全部暑假作业，准备带新课本来大理，自己预习一下。他把学习安排得明明白白的，今年的他和去年的他，简直判若两人。

素然老师也感叹："哇，这太激动人心了。"

讲完这个故事，还得回到主题呀，这本书想表达什么意思和感觉呢？我对素然老师说："你看，这个故事是真实的、有效的，许多家长听到这个故事，上一秒很激动'我要用到我家娃身上！'但下一秒又沮丧'我家娃不配合，我推不动他呀。'"

在我看来，这才是教育中最大的痛点：学过很多教育理念，看过很多教育方法，面对自家孩子，仍束手无策。

甚至有的家长认为，教育孩子是一种天赋，你有，我没有，你能做到的事情，我做不到。我写这本书的初衷，并不是仅仅展现几个成功案例，而是要拆解这个痛点。

我继续对素然老师说，为什么同样的方法，家长原样复制，有的就不成功呢？这是因为，我刚才讲的故事，只呈现了外显的行为，比这更重要的，是内在状态。

这个故事还有另外一个版本——内心戏版本。我其实早已估算出小外甥大约每天写 10 页才能在回老家前把作业完成，但他能做到吗？毕竟此前他连 2 页都写不完呀。我把这个问题反复琢磨了好一会儿，虽然 10 页有点儿多，但上午写 5 页，下午写 5 页，只要监督到位，他应该是可以完成的。但是，这里面有一个巨大的陷阱：负面情绪。一旦掉进这个陷阱，就会满盘皆输。以小外甥当时的状态，他必然会拖延、抗拒写作业，如果我本能地对他生气、催促、批评，把他的负面情绪勾起来，对他微弱的内心力量来说会是雪上加霜，他的最终表现就是 2 页都写不完。

认清这一点，我就能心甘情愿地戒掉坏情绪。

第一天上午，我只稳稳地看着他磨蹭。那种感觉很奇妙，仿佛我和小外甥都有各自稳定独立的心理空间。我在观察他、感受他，在这种冷静的状态中，我能清晰地看到他的心理活动。比如，他到客厅来晃悠、聊天，表面上嘻嘻哈哈，其实他内心一直在挣扎，他也想快点儿写完作业、同时，他心里也明白，我迟早会出手管他。看清小外甥的心理活动，看到他不易察觉的努力，我更不会生气了，甚至还有点儿心疼他。

在这个过程中，我一直在思考：到哪个节点，用什么方式推动他最合适呢？虽然只是一件小事，但对待这件小事也颇需要审时度势。如果在他快要挣扎成功的时候温柔地推他一把，他一下就能回到书桌前，这个推动的力量很小，小外甥也不反感，所以，我等了足够长的时间，感觉时机差不多了，简单地说了句"写作业去"，他立刻就去写作业了。

家里人都感到奇怪，我妹妹苦口婆心甚至声色俱厉地说他，他都不肯听，为何我云淡风轻的一句话，就能让他乖乖去写作业了呢？

其实，原因就在这种稳稳的心理空间中。我们各有分工，小外甥负责挣扎，我负责观察。等小外甥的内心积蓄了足够的力量，快要成功时，我顺势推他一把。在这个节点，我们形成了合力，我出力小，他出力大，真要论功劳，应该归功于小外甥自己。

我继续对素然老师唠叨："你看，无论方法有多花哨，最关键的是，我们能否给孩子一个稳定的心理空间。"

就在这个时候，我的内心突然灵光一闪：对，稳定，稳定……我想表达的是"稳定"，这是管理孩子写作业成功与否的分水岭，也是教育成败的秘密所在。

在这些年的家庭教育咨询工作中，很多家长向我诉说烦恼："你看，孩子不主动，我就想帮帮他，催促他快一点儿，这有什么错吗？"孩子为啥越帮越被动呢？

不得不感叹，孩子主动性的养成是一个脆弱的过程，很容易被打断。家长可能觉得，我就是多说了几句话，情绪有点儿急，但我也是为了孩子好呀。殊不知，在孩子心理最脆弱的环节，一旦家长掉进情绪陷阱，孩子的心也会随之下沉，等他仅有的意志力崩溃，其大部分注意力就从写作业上转移开了。接着，孩子就会放弃努力，跟着情绪流浪，心里想的不再是写作业，而是怎么偷懒、搪塞，怎么蒙混过关，怎么和父母对抗。

事实上，如果你带着焦虑、愤怒、评判去陪伴孩子写作业，你反倒成了孩子写作业这件事上最大的干扰源和拦路虎，越帮越乱，真的是给孩子帮了倒忙。

陪孩子写作业并不难，让孩子主动写作业也不难。在这本书里，我讲了理念，讲了方法，讲了心法。概括起来讲，改变的关键，就是内在的稳定，"稳定"这个词，看上去稀松平常，其实蕴藏着巨大的教育力量。希望这本书，能帮你成为高度稳定的父母。

作业难在哪里?
为什么作业变成了拦路虎

我一直觉得,我和作业有不解之缘。我做了很多年的家庭教育咨询工作,结识了许多家长,他们都知道,我从小就调皮、贪玩,不是个让人省心的孩子,从小学三年级到初中三年级,经常完不成作业,其中有两年,几乎不写作业。我最擅长的事情就是找借口,随便就能"安排"出一个星期不写作业的借口,还不重样:今天停电,明天来客人,后天肚子疼,大后天弟弟把作业本撕了……

出人意料的是,虽然我不爱写作业,但我很擅长管理其他孩子写作业。

我小时候是孩子王,每到寒暑假,我家就有一道独特的风景线：亲戚都把孩子送到我家来写作业。推开我家房门一看，窗台边、炕上、沙发上、柜子边，都是以各种姿势写作业的小孩。

迄今为止，我从事家庭教育咨询工作已经有 16 年了，我发现，80% 的咨询案例都涉及管理孩子写作业的烦恼。

你看我这前半生，多有层次感：从自己不写作业，到管理其他孩子写作业，再到指导家长管理孩子写作业。"写作业"几乎是我生命的主旋律。然而，这个主旋律实在是个巨大的痛点。有多痛呢？就像网上那些段子说的，"不写作业母慈子孝，一写作业鸡飞狗跳"。我无数次听家长调侃："哎，我太难了。"

我对写作业的观感，与很多家长的感受完全相反：自己写作业多难啊，管理别人写作业多简单啊。在本书中，我将从一个"患者"兼"医生"的视角，来分享一下管理孩子写作业的心得。

这些年，经常有家长问我："你说管孩子写作业怎么这么难？让孩子写个作业，简直像要了他的命一样。"我说："你说得没错，这事儿我有亲身体验，小时候，每天一写作业，我就觉得生无可恋，在一个不爱写作业的孩子眼里，作业就是一座大山，或者是一只让人望而却步的拦路虎。"

我跟作业打了这么多年交道，对于作业，我的心情可以说是五味杂陈。我一直在追问一个问题：作业这只拦路虎的本质是什么呢？在我看来，是家长和孩子同时失去了客观性。这个答案也许出乎你的意料，怎么会是客观性呢？作业，跟客观性相差十万八千里呀。

我们不要忘了，作业本来就是客观的。例如，这一天老师留了几项作业，是客观的；按照正常速度，大约多久能完成，也是客观的。然而，在孩子和家长想到作业的那一瞬间，作业就变成了主观的事情。对同样的作业，不同的孩子和家长，会产生完全不同的主观目标和主观感受。

在我看来，孩子对待作业的态度，大致可分为三种类型：热爱型、平淡型、厌恶型。那么，这三种类型的孩子在想到作业的那一瞬间，他们的主观世界里分别发生了什么呢？

热爱型的孩子，他们的主观目标超越了作业对他们的要求，他们不仅能快速、高效、高质量地完成作业，还会主动给自己增加学习任务，或是查漏补缺，或是巩固提高。他们的主观感受是顺畅、愉快、有成就感。他们的家长基本不用为他们的学习操心。

平淡型的孩子，他们的主观目标与作业对他们的要求基本持平。他们对作业谈不上喜欢，但也能按时按量地完成。他们的主观感受大多是平淡的。他们的家长像个巡视员，偶尔过问一下就可以了。

厌恶型的孩子，他们的主观目标远远低于作业对他们的要求。他们厌恶作业，对作业采取逃避的态度。他们的主观感受是畏难、极度厌烦、内心躁动。他们的家长只能当贴身监工，全天候地督促他们，还未必奏效。

你会发现，这三种类型的孩子占比并不均匀，热爱型的孩子只是少数，厌恶型的孩子却占了大多数。曾经，我也是厌恶型孩子中的一员。直到今天，我对那种极度厌恶写作业的种种感受还记忆犹新。

我们假设，正常情况下，孩子大约要用 2 小时完成一天的作业。热爱型的孩子，可能 1 小时 40 分钟就完成了；平淡型的孩子，大部分用 2 小时；而厌恶型的孩子，用时就无法预估了，他们可能磨磨蹭蹭，耗时 5 小时。

很显然，前两种类型的孩子的主观目标与客观要求是相符的，对他们而言，作业不是拦路虎；而厌恶型孩子的主观目标与客观要求严重分离，而且写作业的过程令他们极度不愉快，作业对他们而言，是地地道道的拦路虎。

那么，我们会忍不住追问：这个主客观的分离，到底是怎么发生的？

其实，这个主客观的分离，并不是孩子到了一年级开始写作业时才发生的，而是在更早的时候在孩子的浑然不觉中累积起来的。

我们不妨举一个很常见的例子来说明。两三岁的孩子自己玩耍时头被桌角轻轻碰了一下。如果家长在场，这个互动就很微妙了。理想的状况，家长和孩子都很客观，本来也只是轻轻地磕碰了一下，并不太疼。孩子要么自己揉一下继续玩，要么找家长求个安慰，家长的反应也很淡定，平和地关心一下，或者给孩子一个拥抱。

然而，真实的互动，大部分都不是这种理想的状况。有些家长的反应很夸张："哎呀，碰着头了，快让我看看，我给你揉揉，让你小心点儿，你就是不听。"孩子最初的反应很耐人寻味，他们会有个短暂的迟疑，那个小表情分明写着："我也没磕太疼，你们却紧张兮兮的，有那么严重吗？"这时候，就出现了两种感觉，即孩子的感觉和家长的感觉。信谁的呢？孩子毕竟只有两三岁，他们的反应很快就会被家长带偏。有一种类型的孩子会放弃自己的感觉，完全相信大人的感觉，认为家长说的都是对的。这种类型的孩子对待作业的态度，谈不上热爱，但也不逃避。

他们最常出现的状况是变得乖巧、懂事、没有主见、不够灵活，到了高年级，可能会出现动力不足、效率不高的问题，这就是我们通常说的"死学"。

还有一种类型的孩子，会主动放大自己的感受，配合大人演戏。刚碰到头时，本能反应没让他哭，被家长这么一折腾，他居然哭起来了，还越哭越伤心。哭着哭着，孩子就悟出门道了——跟着家长的感觉走，能求来好几倍的安慰不说，还能顺势提点儿要求，比如看动画片、买零食，这时候一些家长往往格外豪爽，只要孩子不哭，一切好商量。

作为旁观者，你会眼睁睁看着一件小事情演化成大事件。孩子如果从一件事中获得了额外的好处，就会有意识地重复这件事。于是，孩子开始主动放大自己的感受。请注意，这是孩子不客观的起点。下次碰到头，哪怕不太疼，他也会马上捂着碰到的部位，四下环视，哭哭啼啼求安慰。如果家长在场，他会立刻扑到家长怀里，轻车熟路地重复之前的戏码，甚至享受掌控家长的快乐；如果家长不在场，他们哼唧着环视一周，立刻若无其事地继续玩耍。不瞒大家说，我小时候一直跟大人玩这种鬼把戏，对这种微妙的心理活动，可谓了如指掌。如果时光能倒流，我特别想回到过去，对着小不点儿的自己说：不要耍这种小聪明，否则，将来你会在写作业和成长上付出巨大的代价。

这样的小事，如果只发生一次，其实也没什么。然而，家庭环境通常是稳定的，放大孩子感受的家长会一直重复自己的做法，而孩子通过放大自己的感受获得利益的心理动力也一直存在，于是亲子间就形成了一种稳定的互动模式。

接下来，在类似玩积木、穿鞋、买零食、买玩具、看动画片这些生活小事上，亲子双方扮演的角色逐渐失衡。家长越来越像个"超级英雄"，放大孩子的感受，为孩子提供安慰、提供依靠；孩子则扮演无力者的角色，积木搭不好或穿不上鞋时哼唧着哭，以寻求家长的帮助，家长鼓励他们想办法，他们的口头禅通常是"我不会"。很显然，与想办法相比，求助更简单。在"靠自己还是靠别人"这道选择题面前，这类孩子选择了"靠别人"。为了求得帮助，他们哭鼻子、耍赖、纠缠，不达目的誓不罢休。许多时候，家长被孩子"绑架了"，哪怕心怀怨气也不得不扮演"超级英雄"的角色。

在这个过程中，孩子没有重点发展自己的能力，没办法独立完成一件事情，遇到困难，容易产生强烈的挫败感。而他们的反应模式，会习惯性地进一步放大这些感受。于是，畏难情绪就这样日积月累。等到孩子上学了，开始每天写作业了，问题就集中爆发出来。

如果让这种类型的孩子写 2 小时的作业，那么他们既没办法客观地看待作业的数量和难度，也没有耐心独立地按时按量完成，他们会在心中形成不切实际的主观目标：或是期待用魔法瞬间完成，或是想找依靠。然而，写作业是孩子个人的事，家长和老师只能提供必要的支持和帮助。没有了超级外援，这条路就走不下去了。

面对这样的状况，家长会变得更加不客观，恨不得一下子改变孩子的学习态度。这种目标上的不客观会导致情绪上的不客观，一旦不能立竿见影地改变孩子，家长就会"抓狂"。

回头去看，当孩子在幼年遇到磕磕碰碰这样的小事时，是家长放大了孩子的感受，相当于推倒了第一张多米诺骨牌。孩子会逐渐变得不客观，一心想着依靠别人，如果孩子自己对此没有觉察和修正，这种不客观带来的连锁反应，会一直影响到他成年，乃至一辈子。

我写这本书的最终目的，就是让家长和孩子都能够做到主客观合一，并且具备与成长阶段相应的做事能力。我真诚地希望所有孩子都能顺畅地完成作业，拥有对生活的掌控感。同时，我更希望他们活得客观、坦然、自在。

保持客观是一种了不起的能力。

目录

第 **3** 章

给孩子稳稳的陪伴 🖊

第 4 章
交还控制权

第 5 章
给孩子加满油

第 1 章

感觉和能力是解决
写作业问题的关键

作业是枢纽性问题

家长常常想不明白："作业嘛，不就是坐在那里写写算算，个把小时就能完成，干吗熬到晚上 12 点？"

是啊，写作业看上去很简单，为啥自己孩子写起来就这么难，作业问题到底是什么问题呢？在我看来，作业问题是枢纽性问题，它处于感觉线和能力线的交叉点。也就是说，"感觉"这条线，和"能力"这条线，其中任何一条线的重要节点出了问题，写作业就会跟着出问题。我们接下来就分别说说，感觉和能力这两条线上，有哪些关键的节点。

感觉线

在感觉这条线上，有三个关键节点，分别是亲子关系、内心状态和对具体作业的感觉。

感觉线上的第一个关键节点：亲子关系。

什么是好的亲子关系呢？通俗地说，这要看亲子之间如何聊天、如何提要求、如何处理分歧。

在好的亲子关系中，双方聊天很愉快，彼此倾听，有充分的眼神接触，内心温暖，感觉舒适。任何一方都可以自由地提要求，对方都会认真对待，认真应答，会考虑双方的利益与感受。遇到分歧，能彼此协商，对事不对人。这样的亲子关系，双方有默契，不防御，不会为所欲为，内心舒适度极高。

在不够好的亲子关系中，亲子双方聊天不顺畅，各种情绪暗流涌动。因为彼此不信任，互相防御，缺少倾听和尊重，所以在一方提出要求时，双方都容易自说自话，或者陷入权力斗争。一旦发生分歧，就会心怀不满和怨恨，对人不对事，特别容易演化成激烈的亲子冲突。

你会发现，孩子写作业，会呈现出亲子关系的各个层面，我们不可避免地要和孩子聊天、对话，互相提要求，也难免会产生分歧。就以"孩子，你该写作业了"这句家长最经常说的一句话为例。在好的亲子关系中，孩子听到这句话通常马上就去写作业，或者理智地与父母进行沟通，比如回答父母"我半小时之后去写作业"，到时间就行动。而在不够好的亲子关系中，孩子听到这句话的瞬间，就很不情愿，产生各种逃避的想法，假装听不见，或者胡乱敷衍，一拖再拖，父母也特别容易发火。由此可见，亲子关系如何，就成了写作业问题的基础。

感觉线上的第二个关键节点：内心状态。

通俗地说，孩子的内心状态是指孩子的内心是烦躁还是平静。我们千万不要小瞧了孩子的内心状态，这两种状态的外在表现截然不同。烦躁的孩子经常哼哼唧唧不想写作业，坐下来就发呆，心不在焉，一会儿要喝水，一会儿要上厕所，好不容易消停几分钟，又在那里抠橡皮，写一小时作业，比爬一座山都难；平静的孩子自带自律气质，放学回家后，休息一下，就开始按部就班地写作业，很专注、很安静，一会儿就写完了，遇到不会的题目，总是想方设法弄明白。

通常，那种学霸型父母，或者气质平静的父母，特别不能理解孩子的烦躁："天哪，这么简单的几道题，你至于烦躁成这样吗？"

而作为一个曾经的资深不爱写作业的小孩，我不但为写作业烦躁，还长时间陷入这种状态无法自拔。

我曾经反复追问自己："童年的我备受疼爱，成长环境也比较宽松，我的烦躁是从哪里来的呢？"其实，导致孩子烦躁的原因有很多。它和孩子的气质类型有关，偏活跃的孩子，在完成相对枯燥、重复、不新奇的任务时，就容易烦躁。另外，家长的不回应和乱回应，都会触发孩子的烦躁情绪。

很不幸，上述因素我都具备，我生性活泼、喜好新奇的事物，在我 5 岁以前，我们一大家子人住在一个院子里，所有人都以我为中心，每个人都觉得我讨人喜欢，都按照自己的方式频繁地回应我。5 岁以后，我们分家单独居住，我母亲又是一个过于平静、性格寡淡的人，不怎么回应我。总而言之，大人给我的回应，不是太多，就是太少。

所以，这里由衷地说一句，在尊重孩子天性的基础上，我们要认真地跟孩子互动，所答即所问；平时，不要一大家人围着孩子过多地打扰孩子。另外，不要经常对孩子唠叨，或者一味地数落、批评孩子。你以为你只是在教育孩子，给孩子讲道理，其实这些都会化作孩子心中无法排解的烦躁情绪，成为孩子写作业的拦路虎。

"感觉线"上的第三个关键节点：对具体作业的感觉。

写作业，是孩子每天都要面对的任务。那么，在想到作业的那一瞬间，孩子有什么感受呢？通常是难、多、烦。孩子有这样的感受，一方面是因为父母和老师都更重视写作业的结果而忽略孩子写作业过程的体验，总是有意无意地给孩子施加压力，让作业变得面目可憎；另一方面是因为大部分孩子都不善于分解目标，习惯于从整体感知作业，容易觉得作业好多、好难，像一座大山。并且，这种对作业的感觉会不断累加，在孩子的内心越来越沉重。于是，很多孩子想起作业就犯难。这些孩子也许都没有意识到，他们对作业的负面感觉，远远超越了作业本身的难度，这种感觉已成了一个独立的障碍。你会看到，让孩子玩 3 小时游戏他都不嫌累，而写半小时作业他就会叫苦连天。

能力线

在能力这条线上，也有三个关键节点，分别是自控力、统筹安排的能力、坚持精神。

有些家长认为，能力很重要，作业不重要。的确，具体到某一天的作业真没那么重要，但是他们忽略了一点——写作业的背后，隐藏的恰恰是最重要的学习能力。这些能力可以保障孩子不开小差，稳定地完成目标和任务。

能力线上的第一个关键节点：自控力。

具体到写作业这件事情上，自控力就是控制注意力和行为，顺利完成作业。我常听家长抱怨："哎呀，孩子怎么就没有自控力呢，他一会儿看课外书，一会儿玩玩具，一会儿惦念着看电视、打游戏，就是没心思写作业。"

我告诉家长，自控力的背后是掌控感。孩子没有自控力的原因，是家长随时随地在破坏孩子的掌控感。

所谓的掌控感，是孩子完整地经历一件事情，从做决定到确定目标，再到执行。在这个过程中，他要独自面对困难，化解各种情绪，最终体验成功的喜悦。只要孩子完成了这件事情，他不仅对这件事情有了掌控感，也对同等难度的事情有了掌控感。相反，孩子如果在家长的指挥下完成这个过程，比如，家长帮孩子做决定，确定目标，孩子再去执行，遇到困难，家长给出解决方法，鼓励和监督孩子执行。虽然孩子最终也做成了这件事情，但他并没有完整、独立地掌控这件事情。那么，下次你让孩子自己去做这件事情时，他就会觉得没把握，会暗示自己在能力上有缺口，觉得自己不擅长，进而自己关闭了潜力之门。所以，从这个角度看，失败未必是成功之母，成功才是成功之母。

能力线上的第二个关键节点：统筹安排的能力。

我们不妨想一想，孩子写作业时在什么环节最容易走神？通常是两个任务的衔接处。就如同火车的车厢连接处是最脆弱的地方，孩子也最容易在两个任务的衔接处开小差。例如，语文作业做完了，孩子茫然不知接下来该做什么，看见课外书，就拿过来看几眼，一不小心就看进去了；好不容易抽身出来，又继续茫然：接下来干什么呢？吃点零食吧……就这样东摸摸西看看，半小时就过去了。家长在旁边看着，就会认为孩子在故意拖沓、磨蹭。

孩子出现这种状况的原因是，他们的头脑中根本没有写作业的路线图，他们随心所欲，没有计划，写到哪儿算哪儿。之所以这样，是因为孩子缺乏一项很重要的能力：统筹安排的能力。

统筹安排的能力，通俗地说，就是先做什么，后做什么，要在心中形成一个清晰的任务清单。列出清晰的任务清单，对成年人来说很容易，但对孩子来说并不是简单的事情。通常，孩子都有作业记录本，这相当于一个简单的任务清单，但不够清晰。

我们常常忽略了一点，就是动作的连贯性。比如，孩子的清单上写着：先写语文作业，然后写数学作业。切换两个任务的时候，你就会发现，有时候，孩子拿出一本数学书，翻了半天，才发现作业不在书上，然后，找出作业本，写了几个字，又发现没有演算纸，过了一会儿，又到处找三角板……

而好的统筹安排，不但任务之间是无缝衔接的，每个动作也都是无缝衔接的。例如，在写完语文作业后，孩子会快速厘清下一个步骤的路线图："笔已经在桌面上，我需要马上从书包里找出作业本、草稿纸、三角板。"像这样，先想清楚要做什么，才能在行动上一气呵成，行云流水。这就是我们通常说的"心中有谱"，一个动作"咬着"一个动作往前走，不会无意识中断。

能力线上的第三个关键节点：坚持精神。

其实，很多时候孩子也想好好写作业，一放学就信誓旦旦地说"我今天晚上快点儿写作业"，可没过 20 分钟，这句话就失效了。咱们都说"万事开头难"，写作业这件事，更容易出现的状况是半途而废、虎头蛇尾。写作业，难免有累和烦的感觉，怎样才能避免三分钟热度呢？

这就需要有坚持精神。可能有的家长会想："我最苦恼的事，就是孩子没有坚持精神。"这往往是因为孩子缺乏耐力和自我激励的能力。

自我激励，通俗地说，就是孩子给自己鼓励，给自己加油，不断向前进。然而，很多孩子更擅长的是打退堂鼓。

孩子为什么会打退堂鼓呢？原因可能是：从整体上感知作业，把作业看成一座山；或者把所有过往对作业的糟糕记忆全都提取出来，还没动笔，烦躁情绪就如排山倒海般涌过来，最后把自己给压垮了。

由此可见，作业问题之所以成为很多家庭的最大"痛点"，是因为在它的背后，感觉线和能力线相互交叉，深度影响孩子的行为，不弄清这些，就很难从根本上解决问题。

家长的错误三件套
催促、讲道理；贴身侵犯；发脾气

曾经有位家长来找我，说他家孩子读六年级，最开始只是磨蹭，不爱写作业，最近干脆不写作业了，每天回家就玩手机、打游戏，把房间弄得非常凌乱，精神也很颓废。而且不能和他提作业，一提作业他就急眼，情绪非常暴躁。

面对这样的状况，家长急得像热锅上的蚂蚁。这位妈妈说："孩子特别难管，这些年，什么办法都用了，可孩子就是油盐不进。这可怎么办？"

我详细地了解了她孩子的成长经历，忍不住感叹："你做了那么多努力，不只是无用功，而且副作用极其明显。"

家长很惊愕地说:"你的意思是我把这孩子给管坏了?"

我说:"可以这么说。家长在作业问题上容易犯的错,你一个不落,都占全了。"

那么,在作业问题上,家长最容易犯的错有哪些呢?概括来主要有三个,分别是:催促、讲道理;贴身侵犯;发脾气。

错误一:催促、讲道理

这位家长说:"催促、讲道理?确实有,而且很多。"但她马上又满腹委屈地说,"你以为我愿意催促、愿意讲道理啊,我也很烦,还不是因为他磨蹭,不专注,不好好写作业。"

说到磨蹭和不专注,我见过太多"冤假错案"。

我问这位家长:"你考虑过磨蹭和慢的区别吗?"

她很干脆地说:"磨蹭不就是慢吗?"的确,在很多家长的认知词典里,这两个词可以通用,磨蹭就是慢,慢就是磨蹭。

其实,不是这样的。

什么是慢?就是不够快,它指的是速度。什么是磨蹭？磨蹭是"慢＋不情愿"，它指的是态度。概括来说，慢是速度，磨蹭是态度。

比如小学一年级的孩子写字，他认认真真、一笔一画地写，速度像蜗牛，这只是慢。但是，如果他写字速度像蜗牛，还哼哼唧唧，一脸痛苦，总想着消极怠工，这就是磨蹭了。

很多不了解孩子的家长，特别是急性子的家长，把孩子最初的慢，识别成了磨蹭，不停地催促孩子，结果越催越慢，最后孩子的"慢"变成了"磨蹭"。

或许有的家长说，就算是慢，我们家孩子也是慢得让人崩溃啊！

试想，孩子在 0 ~ 6 岁这个阶段，穿衣服、穿鞋、吃饭、背书包、收拾东西、做家务，这些力所能及的事情通常都被父母、保姆、爷爷奶奶、姥姥姥爷替着做了，孩子手部的肌肉没有得到充分练习，身体的耐力没有得到充分练习，心理上的坚持精神没有得到充分练习，头脑的统筹安排能力也没有得到充分练习，到了小学，突然需要把这些能力一起调动起来写作业，他怎能应付得来？

至于孩子的专注力，我们知道，如果家长在孩子玩耍时经常打断孩子，就会导致孩子做事不专注。

还有一个导致孩子不专注的行为是家长经常忽略的，

就是不好好和孩子说话，要么敷衍，要么唠叨。父母一唠叨，孩子觉得烦，就把耳朵"关闭"了；孩子跟父母说话，本来目光炯炯，然而，大人常常不耐烦，有时候对孩子看都不看一眼，让孩子一边玩去，孩子的目光就瞬间黯淡下去了。久而久之，孩子目光的追踪和聚焦能力就会变弱。这种类型的孩子在课堂上，耳朵处于"关闭"状态，目光跟不住老师，怎么可能认真听课呢？老师看到的，就是一个左顾右盼，注意力不集中的小孩。如果孩子在课堂上注意力不集中，小学一二年级或许影响不大，到了三四年级以后，学业难度增加，听课质量不高，不会的知识越来越多，孩子就会产生畏难情绪，肯定就不愿意写作业。

你看，从家长的唠叨、敷衍，到孩子的懈怠、厌学，教育的因果链条跨越了很多年。

我们再说说"讲道理"。在许多家长的认知中，讲道理等同于教育，其实，这是延续了很多代的教育误区。为什么这么说呢？因为一味地讲道理，特别容易造成知行分裂。俗话说"种瓜得瓜，种豆得豆"，你给孩子讲道理，最好的结果是他记住了这个道理。然而，家长总是奢望春天播种一个道理，秋天收获一个行为。如果没有见到收获，家长就会感到很失望，还会指责孩子。有位家长说，他也曾经这样批评自己的孩子："道理我都给你讲清楚了，你怎么就是做不到呢。"没想到孩子回怼了一句:"那让爱因斯坦给你讲个道理,你能研究出相对论吗?"这逻辑,让家长无言以对。

家长讲道理还特别容易跑题。比如,看到孩子字迹潦草,就会论证一番:"你的字迹这么潦草,高考不得扣你十分八分,这样你就考不上好学校,没有好工作……"你看,一不留神,跑题跑到 20 年以后了。这样的表达方式,让孩子的注意力如何能集中呢?所以,总给孩子讲道理的家长,要提醒自己学会就事论事,既然字迹潦草,想办法让孩子写工整即可。

更糟糕的是,"讲道理"还有可能让孩子活在恐惧中。有些道理,家长以为随便说说而已,其实会渗入孩子的潜意识。潜意识有两个特点:一是图像思考;二是无法识别"不"字。例如,家长对孩子说:"你现在不好好学习,将来找不到好工作,只能扫大街去。"这句话最终在孩子心理上呈现出的图像是"扫大街",而这幅"扫大街"的心理图像,会不断给孩子负面暗示,让他觉得未来一片暗淡。

概括来说,家长对孩子过度催促、讲道理,会导致孩子心浮气躁,而写作业最需要的恰是心平气和。所以,上述做法严重破坏了孩子写作业的心情和状态。

错误二：贴身侵犯

"贴身侵犯"这个词是我总结的，教育心理学的书上没有这样的表述。前述那位家长最初对此也有些疑惑，于是，我为他展示了很多家长的惯常做法。

很多家长的出发点很好，想从一年级就开始培养孩子独立写作业的习惯。我们再看看家长是怎么做的。

孩子一放学，家长就开启了一连串的提醒："赶紧啊，休息 20 分钟就写作业。""要不要吃水果点心？""赶紧去上厕所！""时间到了，你的书包呢？拿过来，坐好。""今天几项作业，咱们来安排一下。先做语文吧，先把需要书写的作业做完。""哎呀，你想啥呢？赶紧提笔写啊。""横平竖直，好好写。""那个字太大了，擦掉，重写。""注意姿势，别低头，保护眼睛。""这道题理解错了，好好读题。""做错了，好好思考一下，老师怎么教的，你上课听讲了吗？""我跟你说啊，写作业要专心。""赶紧写，写完了再玩。""别抠橡皮。""眼睛，眼睛，看哪儿呢？"……

家长口口声声说要培养孩子独立写作业的习惯，却把孩子变成了一个提线木偶。这不是贴身监督，而是贴身侵犯，家长干涉孩子的每个行为，完全压制了孩子的自主性。写作业本来是孩子的事情，然而，从时间管理到统筹安排、行为控制、做决定，都被家长给承担了。最后，孩子的大脑就成了移动硬盘，只负责记住老师教的知识就行。

这些年，我在家庭教育咨询工作中特别痛心地看到，好多家长信誓旦旦地要培养孩子独立写作业的习惯，却一上手就把孩子的主动性给"卸载"了。这就好比把一辆车的发动机给拆卸下来，这辆车当然无法开动了。

前文说到，我小时候是个不爱写作业的孩子，管理孩子写作业却效果显著。因为我清楚地知道，如果我已经很烦躁，很不情愿，旁边有个人这样贴身侵犯我，像摆弄木偶一样指挥我，我的反应只有两种，要么生无可恋，要么原地爆炸。所以，我管理小孩写作业的时候，会非常珍惜他们仅有的自主性，凡是他们管得了自己的地方，我都给他们自主管理的空间，我只管他们实在无法自控的那一部分，补足他们能力的缺口。

错误三：发脾气

发脾气，这个话题大家相当熟悉。

其实，发脾气跟贴身侵犯基本上是无缝衔接的。我总结了一个规律，一旦家长开始概括性地数落孩子的"罪行"，就离发脾气不远了。比如，家长对孩子说："你就不能认真点吗？我跟你说过多少遍了？"这个时候，已经是"山雨欲来风满楼"，而孩子也准备好了迎接暴风雨。接下来的画面，往往是家长歇斯底里地暴怒，毫无顾忌地宣泄情绪。

有个家长说，她发现孩子写作业时在看平板电脑，她把平板电脑给没收了。回到自己的房间后，她越想越生气，过了20分钟，她终于忍不住了，给孩子来了个回马枪，臭骂了孩子一顿，两个人的情绪都爆发了，怒火冲天。最后，妈妈当着孩子的面，把平板电脑摔碎了。

我调侃说："你都回房间了，都过了20分钟了，再返场给孩子表演摔平板电脑，何必呢？"

我能理解家长的无助和愤怒，然而，发完脾气后会怎么样呢？在父母暴怒之后，孩子收拾破碎的心情，勉强做出一个积极的样子，但这样的状态，常常连一个晚上都撑不过，就消失了。

不得不说，家长发脾气的后果实在是太糟糕了。不只是当下会影响双方的情绪，更重要的是，会严重伤害亲子关系，把亲子双方的沟通渠道彻底堵死。孩子也因此出现家长描述的"油盐不进"的状况。不管家长说的话多温和、多简洁、多有道理，孩子就是不听。

　　一旦遇到这样的情况，通常那些具体的办法就都用不上了。我们首先要做的，是修复严重受伤的亲子关系，这是一个浩大的工程。而亲子问题到了这种程度，作业问题就变成一个顽疾了。

写作业问题快速解决的方法
交还"方向盘",给孩子"加满油"

　　找我咨询的家长,常常很急切地问:"根据你的经验,作业问题,最快多久能解决?"我通常会反问:"你想知道其他家长解决问题的速度,还是想了解我的个人经验呢?其他家长通常需要几个月的时间,而我的个人经验,有许多次,我只用了几天,甚至一天,就让孩子写作业的问题有了明显改观,甚至让孩子彻底告别磨蹭。这听起来不可思议,但确实不是个例。"

　　为什么会有这样的差别呢?说实话,这个问题我也疑惑了好久,所以才会有与家长完全不同的观感:自己写作业很难,管别人写作业很简单。我最终想明白了,既然我能在那么短的时间内改变孩子,至少证明,孩子可以在短时间内做出改变。而家长之所以需要几个月甚至更长的时间，是因为他们不是在改变孩子，而是在改变自己。也就是说，孩子的改变很容易，家长的改变反而很难。

在这一点上，家长常常产生认知错位。就整体而言，家长承认孩子的问题肯定与自己的教育方法息息相关，但在具体的表现上，却把磨蹭、不认真、注意力不集中、不自觉等诸多问题，统统算在孩子头上，于是努着劲儿去改变孩子，可谓是南辕北辙。

那么，快速解决写作业问题的正确方法是什么呢？为了更好地拆解这个问题，我们不妨先打个比喻。因为绝大部分父母都有驾驶经验，我们可以把孩子写作业的问题，比作一辆汽车。让汽车前行要满足两个必要条件：要握紧方向盘和持续加满油。也就是说，改变作业问题最关键的两个要素是：控制方向盘和加满油。

然而，大部分家长是怎么对待孩子写作业的问题呢？催促、唠叨、讲道理，这些行为伤害了孩子的内心感觉，相当于汽车一直在漏油；贴身侵犯，这些做法伤害了孩子的自主能力，相当于抢了汽车方向盘。孩子失去了动力，也失去了方向，怎么可能积极主动地完成作业呢？

交还"方向盘"

那么接下来,咱们就聊聊怎么把"方向盘"交还给孩子。交还方向盘当然是个比喻,我们主张,让孩子自己掌控学习,毕竟,学习是孩子自己的事情。然而,对一个孩子而言,能否自如地掌控自己的学习,非常依赖能力这条线,孩子需要有足够的自觉性、统筹安排能力和坚持精神。但有的孩子在成长的过程中,身边总有热心的家长贴身侵犯,越界"帮助"自己掌控生活。

家长意识到需要交还孩子"方向盘"时,往往还要面对一个双重难题。一方面,家长不放心,不敢交还,或者找不到恰当的分寸,不知道怎么交还;另一方面,有的孩子一直被家长代劳,已经没有能力管理好自己,或者有的孩子已经习惯了懒惰、逃避或依赖他人,根本就不肯接过"方向盘"。

所以在现实生活中,这个交还的过程常常是一番乱象。家长面对的困难,首先就是不敢交还,松不了手。

这样的例子在咨询中是十分常见的。比如,有位家长说,孩子每次考试,都会对她造成巨大的刺激。这个孩子考进了一所非常好的中学,但入学成绩垫底,短时间内没办法追赶上那些优秀的同学。看到孩子为此沮丧的时候,妈妈就很担心，怕孩子自暴自弃。另外，孩子的晚睡，也让妈妈极度揪心。每天晚上，他们家的场景是这样的：作业量大，难度又高，孩子挑灯夜战，又累又烦。而妈妈呢，在家里走来走去，关注的焦点是书房中的孩子，总是忍不住进去干涉："你写多少了？又走神了！要专心哦，不会写的去问爸爸，要不你早点睡吧……"妈妈的急躁和唠叨，让孩子更加烦躁。最后，爸爸也被影响了，时不时去书房催孩子，孩子不堪其扰，冲突不断。

我给这位家长的建议是："不要管孩子的学习，也不要纠结晚睡的问题。"

她说："那怎么能行，难道我就看着她挣扎、走神，任由她晚睡吗？"

我反问："请问过去这一年，你一直在管她，有什么成果吗？"这位妈妈想了想，确实没有什么正面的成果，反倒是把一家人的心绪搅得很烦乱。

虽然客观事实摆在面前，但这位妈妈还是特别焦虑："可是，不管怎么行呢，一直这样下去，不是会很糟糕吗？"

对这位妈妈而言，交还"方向盘"的边界很容易找到。毕竟，孩子没有放弃自己的学习，只是有些吃力。而妈妈的"管"，在过去一年都没有起到正向的作用，那么，最合理的办法就是不管。事情的关键，不是放手的边界，而是妈妈的心理建设。

于是，我对这位妈妈说："你要找到自己的角色。你就当自己是一个驾校的教练，你负责教孩子开车，在危及安全的关键节点，可以伸手帮孩子把握一下方向盘。当你坐在副驾驶的位置上，看着她笨拙地、歪歪扭扭地开车时，你一定会本能地想去代替她，然而，那不是你的任务，你没有资格剥夺她的练习机会。"

相应地，孩子就像一个刚学驾驶的学员，在学习的过程中，难免会出错。我们不能指望他一上路就成为一个技术娴熟的老司机，如果家长有这样的期待，就是不客观。

所以，对类似这位妈妈的家长来说，交还"方向盘"最重要的任务，是进行心理建设，回到客观的心理状态。作为家长，一定要认识到，并不是我们一出手管孩子，孩子就会变好，也可能会像前面提到的妈妈一样，越管越糟。另外，我们不能指望孩子在成长的过程中顺风顺水，一路凯歌。这些不客观的想法，会推动家长去抢夺孩子的"方向盘"，产生执着与控制。

给孩子"加满油"

给孩子"加满油",让他拥有好的感觉,他才能更加从容地去应对作业。家长很容易明白这个道理,却很难做得到。以我对家长的观察,大部分家长,一说到作业就一脸严肃,甚至是一副苦大仇深的模样。哪怕孩子偶尔闹腾一下,开个玩笑,家长都会说:"别闹,认真写作业。"一看到孩子的状态不好,家长的声音就高了八度,对孩子产生真实的怨恨,心中的潜台词是:"你为什么就不能好好写?"其实,这是把全部的责任都推到了孩子身上。

虽然我能理解家长的逻辑,但我必须说,这个逻辑是错的。出了问题就怪孩子,并不公平,实际上是在给孩子"漏油"。

我常常揣摩自己辅导孩子写作业的感受,总结其中的经验,我认为非常重要的一点,就是要有客观的心态——承认孩子写作业有困难,状态不好。那么,既然由我来辅导,我就要负责调整孩子的状态,而不是期望一个深陷困境的孩子把自己调整好。

有了这样一种客观的心态,我们就会发现,那些恼人的情绪都不见了。这时候,我们的内心充满了责任感和力量感,潜台词是:"孩子遇到了困难,我就是帮孩子解决困难的，接下来最重要的任务，就是要找到改变的切入点，如果找不到，也不怪孩子，只怪我自己能力不够。"如此，我们可以去面壁思过，也可以去冥思苦想，但绝不会攻击孩子。这样就找到了辅导孩子写作业的最佳状态："没情绪，有力量。"

有了这样的想法，我们就会最大限度地激发自己的潜力，和自己赛跑，不断地去寻找更好的办法。

举个例子，有一次我去幼儿园接我的小侄女放学，她不知道我回来，这算是给了她一个惊喜。她太开心了，一路说笑，等快走到家的时候，她对我说："你信不信，我会写你的名字。"看她的表情，听她的语气，我已经判断出来，她肯定会写，并且希望我更热情地回应她。然而，这给我出了个难题——她已经太开心了，愉悦的情绪到了顶点，我要怎么做才能锦上添花呢？

在我迟疑的瞬间，小侄女已经蹲在地上写我的名字了，留给我的反应时间只剩 2 秒。在这 2 秒内，我快速地想了一个办法，当她写完我的名字，满怀期待地看着我时，我特别夸张地说："啊，吓死我了，你才 4 岁，啥时候学会写我名字的，我 4 岁的时候，都不会写自己的名字呢。"

小侄女特别自豪、特别满意地说："嗯，我早就会了，奶奶教我的。"

接下来，小侄女的状态更加饱满。让我意想不到的是，第二天，我在厨房洗碗，她过来说："你还记得吗？我昨天说会写你的名字，你说'啊，吓死我了，你才4岁，啥时候学会写我名字的，我4岁的时候，都不会写自己的名字呢'。"看来，小侄女太喜欢这句话了，自己回味还不过瘾，又给我复述一遍。

我给了小侄女这样的回应，她也投桃报李。用我弟妹的话说，只要我在家，我小侄女的表情都不一样，特别饱满，指哪打哪，让干什么就干什么。

我常常想起这件事情，并且相信如果我那时候提出教她写字，她一定会非常愿意。因为，在那个瞬间，我给她加满了油，真正加到了心花怒放的程度，把她的内心感受推到了巅峰状态。

一个孩子，如果手里握着方向盘，我们再给他加满油，加到心花怒放的程度，可以说，就没有什么作业问题能难住他了。

第 2 章

写作业的基础建设

亲子关系是头等大事
无用的话少说，合作的事多做

我们做个假设：如果父母提建议，孩子都愿意听，那么，孩子写作业的问题，可以用 10 句话搞定，你信不信？我想，肯定大部分人不相信，解决作业问题哪有这么简单？

咱们不妨把家长对孩子的日常要求罗列一下：回家玩一会儿就写作业；字写得认真些；写作业的时候别走神；错了的地方马上订正；不会写的及时复习；早点睡觉……你看，才 6 句话，如果孩子能全部做到，那么家长关于作业的烦恼便会立刻消失不见。

然而，事与愿违，真实的情况往往是，就这么简单的几个要求，孩子偏不照着做，写作业问题持续了几年都解决不了，甚至越来越严重。所以，家长告诉我，他们对孩子说的最无奈的一句话通常是："我对你的要求也不高呀，你怎么就做不到呢？"

作业，之所以在有些家庭中能成为一个如此严重的问题，说到底，无非两个原因：第一，孩子听不进去这些话；第二，听进去了却做不到。如果听进去了却做不到，说明孩子的能力有缺失，本书会在后面的章节专门讨论这个话题。在这里，咱们着重说一说，为什么明明是正确的话，孩子却听不进去？

答案很简单，亲子关系出了问题。在日常的互动中，亲子之间形成了一种斗争的关系。所谓斗争的关系，通俗地说就是：你不听我的，我也不听你的；你不信任我，我也不信任你。彼此防御，心怀不满。

而前文讲到的家长在管理孩子写作业这件事上最容易犯的三种错误，即催促、讲道理；贴身侵犯；发脾气，每种都深深地伤害了亲子关系，导致了这种斗争关系。

那么，亲子之间能不能有更好的状态呢？当然可以。我们也看到，很多孩子的关注点不是如何和家长对着干，而是如何找到好的感觉、如何发展自我。他们开心、自在、接纳，对父母充满信任。这是一种彼此合作的状态，营造出了温暖、美好的亲子关系。

很多找我咨询的家长反映，在过去几年，亲子之间因为作业问题闹得鸡飞狗跳，双方都处于水深火热的处境中。每当遇到这样的情况，我首先要做的，就是让他们快速改善亲子关系，回到合作状态。下面我给大家分享三个快捷有效、屡试不爽的办法。

不催促、不"讲道理"

不催促、不"讲道理"，这个建议并不新奇，很多家长听到后可能会说："我也不想这样啊，但是不说不行啊。"在咨询中，我通常会告诉家长："你先尝试一个星期，把这些催促、讲道理的话减少 80%，看看会发生什么？"家长真的这么做了，发现情况并没有恶化，孩子的态度反倒有好转的趋势。

为什么会这样呢？这是因为，催促、讲道理，意味着家长选择了一种负面的沟通方式。比如，对学龄儿童，家长可能每天都会提醒"该去写作业了"，虽然家长说得云淡风轻，在孩子听来，却简直像一记响雷——妈呀，又要写作业了。在这一瞬间，他们心中升腾起浓浓的厌烦感。

这种厌烦感，一部分来自作业本身，一部分来自千篇一律、令人心烦的提醒。很多家长也许自己都没有意识到，这种提醒隐藏着对孩子的不满和谴责："这孩子，光想着玩，我都提醒你了，还不马上去写作业。"所以，好多孩子抗议说："你的眼里只有作业，没有我。"

家长听了这样的话，通常会反问："你还想让我怎么样？"

说句公道话，在这样的小事上，家长设定的目标确实不合理。概括来说，家长的目标是孩子快点儿写作业。所以孩子说得没错，在这个目标里，的确只有作业，没有孩子。

那么，怎样设定一个既有孩子又有作业的目标呢？家长只需要把目标稍作修改：我想让孩子乐呵呵地去写作业。

很多家长听了这句话，可能会想："你在开玩笑吧？让他去写作业都困难，还乐呵呵地写作业，怎么可能？"

这就需要选择另外一条路，即用积极的沟通方式达成目标。不妨把提醒孩子换个花样写作业，比如可以说："您这心挺大呀，正事儿都忘了吧？"或者："好了，不玩了，为娘我亲自把你护送到书房。"再或者，"这位小公子，请您抽空写两笔作业呗。"其实，很少有孩子真的忘了写作业，他们只是假装忘了而已，这些好玩的提醒，让孩子会心一笑，也就冲淡了对提醒强烈的厌烦感。

你看，当我们想对孩子提要求的时候，只要心中有孩子，让孩子感受到被尊重，内心舒适，那么，这个提醒就是有效的，根本不需要三番五次地催促、讲道理。

控制情绪，不焦虑

很多家长都有体会，管理孩子写作业，最难跨越的门槛就是焦虑、发脾气，家长的理由似乎也很充分：虽然我也知道发脾气不好，但就是忍不住。看到孩子把不多的作业磨蹭到深夜才写完，太抓狂了。

然而，孩子却不这么看，孩子的心声是："本来写作业的烦躁和挣扎一会儿就能过去，而父母发脾气，却像疾风暴雨一般，让人郁闷好几天。"

我在咨询中常常看到这样的场景。家长对孩子说："你先改，改了我就不发火了。"孩子说："你天天发火，我没心情改。"双方各执一词，僵持不下，每天写作业都上演鸡飞狗跳的戏码。

说句公道话，家长和孩子应该各司其职。如果家长管不住自己，却拼命地管孩子，结果就是家长成了孩子写作业的最大障碍。

最近有位家长找我咨询说，孩子写作业磨蹭，还经常和弟弟吵架，和奶奶顶嘴，爱哭，在学校和同学关系不好。这位家长情绪急躁，辅导孩子写作业时一言不合就打骂孩子，孩子也很执拗，跟家长对着干。我对这位家长说："你给了孩子太多的负面评价，彼此没有纯粹的亲密感，你要把与孩子相处的节奏放慢，做到情绪稳定，容错率足够高，允许孩子慢慢改变。"

当然，对这位家长来说，最难做到的就是情绪稳定。其实，要做到这一点，也没有什么花哨的办法，最简单、最直接的方式就是克制，努力控制自己的情绪，忍不住时就到别的房间冷静一会儿。

在咨询中，我为这位家长提供了有针对性的具体方法和支持，帮她分析有哪些平和的处理方式可以用，而不是发火。

经过两三个月的努力，这位家长描述了另外一番场景：孩子写作业劲头很足；和弟弟相处很融洽，很多时候，弟弟哭闹耍赖，只有她能哄好；她也不再和奶奶顶嘴；和妈妈的关系变得很亲密。妈妈觉得孩子发生了翻天覆地的变化，连连感慨"平和里面有魔力"。

就事论事

在咨询中听家长描述孩子的问题时，我常常有一个非常明显的感觉，就是"飘"。家长描述的孩子的问题，都是飘浮在半空中的概括性的问题，听起来就让人觉得抓狂或充满无力感。比如，家长常常会这样描述："我家孩子挺善良的，但就是不认真，什么都听不进去，学校老师也总是反映他上课捣乱，写作业遇到困难就想逃避。"

听家长这么说，我一般都会往"具体化"的方向追问："你说孩子'不认真，什么都听不进去'，能举个例子吗？"

这时候，家长通常会描述一个具体的场景。比如："昨天晚上，让他听写生字，他写错了 6 个，我想让他再巩固一下，他说什么也不答应。我跟他说，你还没有掌握，明天老师让听写时你肯定有不会写的，到时候还得订正。但他就是不听，我反复说了好几遍，他都当耳旁风，气死我了。"

听家长这么描述，我才感觉那个飘荡在空中的概括性的问题终于落地了。我发现，家长在处理具体问题的时候，往往缺少思路和分寸。比如，如果我追问家长："孩子写错了 6 个字，你想让他巩固到什么程度，具体的做法是什么？能否简洁、不带情绪地处理这件事情？怎样才能让孩子愿意听从你的建议呢？"

不夸张地说，这几个追问，很多家长花一小时都想不出精准的对策。也就是说，家长严重缺乏就事论事的能力，于是常常用概括性的问题来吓唬自己。

我和这位家长最后讨论出的对策是"语言幽默，要求具体"。比如可以这样说："孩子，这 6 个字当中，我认为你有 5 个字是会写的，你这是在听写，还是在梦游呀？看在你是我亲儿子的份儿上，我就原谅你了，但不管怎样，今晚必须得学会。我有三个办法，你任选一个吧：一是每个字写 3 遍；二是用手指比画给我看；三是口头描述字的写法。"

这位家长感慨说："哎呀，原来这么简单，这句话估计能把我儿子逗乐，要求也不复杂，他还有选择的余地，他肯定愿意做。"

关于孩子写作业的问题，切忌进行概括性地描述。遇到所谓的问题，不妨主动给自己设问："这是一件什么样的事情？我的目标是什么？我的方法是什么？孩子是否愿意接受？"你会发现，这几个问题能快速把你拉到就事论事的轨道。具体的事情解决了，你就不会用概括性的问题吓唬自己。

快速改变亲子关系的三个对策：不催促、不"讲道理"；控制情绪、不焦虑；就事论事。这三个对策说起来都不新奇，如果能充分实践，却会有奇效。我在咨询中用这个思路解决过很多棘手的写作业问题。如果你也被孩子的写作业问题所困扰，那么不妨从调整亲子关系入手，做到这三点，你就会发现，亲子关系能快速地回到合作状态，这时候，写作业问题也就迎刃而解了。

躁与静，写作业的分水岭
烦躁是写作业的天敌

我们曾讲到，烦躁与平静，往往是能否写好作业的分水岭。这个说法一点儿都不夸张，你可以去观察一下不爱写作业的孩子，无一例外在写作业时都伴随着烦躁情绪。我小时候写作业时的烦躁情绪也非常严重，现在想起来，自己都觉得不堪回首。那时候的我，写起作业如同热锅上的蚂蚁，煎熬、抓狂，无所适从。大人常常调侃我："你那胳膊腿儿就不能安静一会儿吗？"

其实，这恰恰是不爱写作业的孩子的共同困难，就是安静不下来，有些孩子甚至因为烦躁导致浑身发痒。我经历了很多年的挣扎和自我探索，终于跌跌撞撞抵达平静的状态。现在，我每年要阅读300万字的日志，手写10万字。我常常感慨造化弄人，当年的我要是具备现在的 1/10 的能力，何至于被作业折磨得那么惨。

所以，我由衷地希望，所有的孩子能快速回到平静状态。其实，我们讨论这个话题时，就已经有了行动的方向。在辅导和监督孩子写作业时，我们不妨先从宏观角度审视一下，我们的行为是在为孩子增加烦躁因子，还是在增加平静因子。由此就能粗略地判断我们是在给孩子帮忙，还是在给孩子帮倒忙。例如，歇斯底里地吼孩子，肯定会让孩子烦躁，这就与我们的目标方向，即降低孩子的烦躁背道而驰。

接下来，我们从三个方面进一步探讨，做哪些事情有助于孩子进入平静状态。

少打扰

很多家长都知道，孩子独自玩耍时，不要总是去打断孩子，以免影响孩子的专注力。然而，在辅导孩子写作业的时候，家长就渐渐忘了"少打扰"的原则，看到孩子做得不好，马上就去干涉。这份急切中，隐藏着想帮助孩子快点儿改变的良苦用心，然而，事与愿违，最终将孩子干扰得很烦躁。

其实，在辅导孩子写作业时，尤其要记得少打扰孩子。具体的做法是：首先，降低介入的频次；其次，情绪平静地指出问题所在。我们在前文中曾举例说明家长对孩子贴身侵犯的过程："赶紧啊，休息 20 分钟就写作业""要不要吃水果点心""赶紧去上个厕所""时间到了，你的书包呢，拿过来，坐好""今天几项作业，咱们来安排一下，先做语文吧，先把需要书写的作业做完""哎呀，你想啥呢，赶紧提笔写啊""横平竖直，好好写""那个字太大了，擦掉，重写""注意姿势，别低头，保护眼睛""这道题理解错了，好好读题""做错了，好好思考一下，老师怎么教的，你上课听讲了吗""我跟你说啊，写作业要专心""赶紧写，写完了再玩""别抠橡皮""眼睛，眼睛，看哪儿呢"……

在孩子写作业的过程中，家长介入了十几次，并且表现出对孩子的强烈不满，我们读一遍上述那些话，都觉得很烦。而这十几次的干涉，完全可以压缩成两次介入，并且在情绪平静的前提下指出孩子的问题。例如，在孩子放学回家时，告诉孩子，休息 20 分钟就去写作业，其间可以吃水果、点心，也可以上一次厕所；等孩子写完作业，和孩子聊几句，告诉孩子："你的作业总体做得还不错，有几个小地方要特别注意一下，字别写得太大，注意写字姿势，保护眼睛，另外，要好好读题。"

后面这个方式一点都不复杂，家长在与孩子相处的过程中，大量留白，不带情绪地沟通，把握好分寸，孩子的内心感觉是舒适的，最后再对孩子稍加指点，便有四两拨千斤的效果。

精准回应

以前我一直有个疑问，很多家长几个月、几年都解决不了的写作业问题，我却可以迅速解决，我与那些家长的区别在哪儿呢？后来我终于想明白了，区别就在精准回应上。我发现，很多家长和孩子互动时常常心不在焉，不要说听孩子的弦外之音了，连"弦内之音"都没听出来。也就是说，孩子说一句话，家长连孩子的表面意思都没听明白。

有一次我在小区散步，迎面走过来一对母子。那个孩子看上去有八九岁，兴高采烈地给妈妈讲一部科幻电影，讲到"光束刺激到了眼睛，所以失败了"，妈妈回了一句："所以啊，保护视力很重要，不能老看平板电脑，记住了吗？"这都哪儿跟哪儿啊，孩子瞬间沉默了。我发现，家长手里有根万能红线，不管孩子说什么，都能引申出一番大道理来，这实在太煞风景了。

关于精准回应，还有一个更容易被忽略的地方，那就是孩子的非言语信息。比如，孩子的表情、动作、语音、语调。

孩子很兴奋地喊道："奶奶，奶奶，你快看，这个太好玩了！"奶奶缓缓地转过头，漫不经心地敷衍一句："哦，好玩。"这样的场景很常见，作为旁观者，我看到这一幕感觉很难受。孩子多么期待得到一个热切的回应："啊，什么东西？快让我看看！"

在日常的互动中，如果家长对孩子的言语信息和非言语信息都不敏感，胡乱地回应孩子，孩子就会莫名地烦躁、愤怒、爱纠缠、不合作。而许多家长没有看到这些行为背后真正的原因，还一味地责怪孩子。殊不知是家长的回应影响了孩子的内心状态。

根据我个人的经验，解决写作业问题的法宝，往往在写作业问题之外。家长回应孩子，如果准确到位，外加有趣好玩，会快速拉近和孩子的距离，极大地满足孩子的心理需求。

我们经常要求孩子注意力集中，其实在和孩子相处的过程中，父母也要做到注意力集中。我就是这样认真准确地回应我的小侄女的，结果就是，只要我在家，不需要频繁催促，她就能很主动地写作业。去年的国庆节，她利用 10 月 1 日晚上和 10 月 2 日的大半天，把假期作业全部写完了。家里人看到她如此主动地完成作业，和平时的状态判若两人，都觉得很惊讶。而这都是精准回应带来的改变。

家长的稳定练习：固定旁观者

孩子很容易受家庭环境的影响，家长的性格、状态，都在潜移默化地影响着孩子。说得夸张一点，孩子烦躁最大的根源，其实是家长。

我见过很多家长，他们本身情绪就不稳定，容易烦躁。我曾经看到这样一幕：孩子安静地写作业，妈妈午睡醒来，跟孩子说了几句话，孩子就变得颓废、烦躁，说话也变成了哼哼唧唧的语调。旁观者可能会很诧异，为什么会这样呢？这是因为，妈妈的态度、语气和表达方式，很容易瞬间把孩子拉入某种状态。这就好比你和一个爱抱怨的朋友聊天半小时，自己的心情也变得低落烦乱。

很多家长知道自己容易烦躁，也很想改变，却感觉这种改变简直"难于上青天"。我和很多家长探讨过这个话题，追根溯源，大部分人的烦躁情绪源于童年，他们的父母和长辈就是带着这样烦躁的情绪对待他们的，在漫长的成长过程中，他们也曾努力改变自己，却收效甚微。对他们而言，克制烦躁是一门艰难的必修课。

家长可以用一生的时间来慢慢学习这门课，然而，孩子就在身边，为了阻断烦躁的代际传递，家长的客观任务是让自己在烦躁时快速平静下来。但在很多家长看来，这几乎是不可能完成的任务。

针对这种情况，我和大家分享一个可以稳定情绪的练习：让自己切换到旁观者的视角，看看当下发生了什么。

例如，钟表上的时间已经指向晚上 9 点，孩子的作业才写了一半，而回想之前的 2 小时，孩子磨磨蹭蹭，心不在焉，提醒了也没有效果，家长的火气升腾而起，觉得孩子刚才哪怕稍微抓紧点儿时间，也不至于拖延到这么晚，按照这样的速度，要到 11 点才能写完作业，根本没法保证睡眠时间，明天上课不犯困才怪。更气人的是，都这么晚了，孩子还不知道加快速度，也不知道心里在想什么。

这样想着，父母越来越烦躁。接下来的 2 小时，就算父母极力克制，也会脸色沉郁，心怀不满，忍不住对孩子频繁地催促、武断地干涉、气愤地数落，最终发生激烈的冲突，家庭氛围变得乌烟瘴气。

而此时如果切换到旁观者视角会怎样呢？孩子写作业

写到 9 点，才只写了一半，不管怎样，肯定得 11 点才能写完。这是必须接受的现实。虽然很想发火，但发火只会与当下的目标背道而驰，那样的话，说不定孩子到 12 点也写不完。如果非要找出其中的原因，孩子磨蹭是一方面，吃饭晚也是很重要的原因，明天需要改进。前 2 小时，虽然提醒了几次，但没有效果，显然是提醒的节奏、方法、分寸有问题，这部分是家长的责任，要思考如何改进。另外，孩子写作业慢，是否与最近的学业难度有关？如果孩子遇到了不会的题目，如何快速、高效地给孩子讲明白？作为家长，要做好时刻增援的心理准备。

让我们来对比一下，同样是面对孩子到晚上 9 点才写完一半作业的局面，烦躁情绪会把家长拉到极度主观的轨道上，越想越生气，但是，催促、发火并没换来实质性的进展。而旁观者的视角则把家长拉到了极度客观的轨道上，家长可以把情绪放到一边，看清当下的客观现实，还能有心理空间去思考改进的方法，并且未雨绸缪，准备好接下来的对策。你会发现，用旁观者的视角来看，孩子写作业的问题不是大问题，确定好客观目标，按部就班地执行，问题就会迎刃而解。

当然，如果你觉得切换到旁观者的视角有困难，可以把这个旁观者的角色，固定到一个你熟悉、认可的人身上。找我咨询的家长，常常自然而然地使用这个办法。他们说，当自己烦躁、生气的时候，就会想："如果杨杰面对这件事，会怎么想，怎么做？"家长反馈，这个办法能帮助他们快速转换轨道，让他们变得客观、平静。当然，这里只是举个例子，这个固定的旁观者不一定非得是我，选你最熟悉、最认可的人，效果会最好。

最后总结一句，如果想让孩子回到平静状态，认真地做事，我们需要克制自己，少打扰孩子；当孩子发出想和我们交流的信号时，我们要精确回应；其余时间，就把注意力放在我们自己身上，在烦躁的时候切换到旁观者视角，不断把自己拉回客观的轨道。

助力孩子走向卓越
梯度平缓，持续完成

　　如果按自我要求的程度给孩子分类，通常能分为高、中、低三种不同的类型。自我要求低的孩子，属于随意打折型，做该做的事情，完全看心情，能躲就躲，能拖就拖；自我要求中等的孩子，属于随波逐流型，没有独立的自我要求，只是遵照老师和家长的要求，别人满意，自己就满意；而自我要求高的孩子，属于追求卓越型，凡事都有自己独立的要求，他们的自我要求往往远高于老师和家长的要求，他们总是自动自发地做事。

　　有位妈妈说，她的孩子就属于随意打折型，对自己的要求不够高，以学英语为例，孩子的成绩总是提不上来，写作业也是应付差事。这位妈妈认为，孩子的英语基础不错，只要多读多练，成绩就一定能有所提高。于是，她开始监督孩子读英语，不监督还好，这一监督，导致两个人的关系剑拔弩张，几乎每天因为读英语闹矛盾。有的课文比较长，妈妈要求孩子至少读 3 遍，一有读错的地方就马上提醒孩子重读，如果孩子太敷衍，她就要求加读 1 遍，孩子很恼火，质问"凭什么？"妈妈就数落孩子："你这样读哪里有效果，没有效果就不能算数。"

我问这位妈妈："你是否想过，自己的做法有什么不妥？"这位妈妈说："学英语就是要多读多练，老师开家长会也是这么说的，我就是监督孩子做到位，这有什么错吗？明明是孩子不认真。"

那几天恰好有位教小学的英语老师和我分享了她的教学经验，她也说英语需要多读多练，她内心设定的目标，是孩子们到五年级的时候，英语水平能达到"发音地道、表达流利"。别小看这简单的 8 个字，达到这个目标的孩子，英语水平在同年级已是较高水平了。

她告诉我，孩子现在是二年级，她每天留两个听读作业，每个作业完成起来大约花两三分钟，每天的作业量不超过 10 分钟。不过，她每天都留这两个作业，连寒暑假都不间断，同时每天检查孩子们的完成情况，并且坚持做任务报告评分榜，哪个孩子没有合格就马上通知。就这样，她能看到孩子们的英语水平稳步提升。她说，以前的学生也是这样训练的，就这样细水长流地练习，到了五年级，孩子们的英语真能做到"发音地道、表达流利"。

这位妈妈和英语老师的目标都是让孩子学好英语，其结果为什么如此不同呢？

我们不妨从任务量、目标、方法和心态几个维度来对比。这位妈妈要求孩子读 3 遍，读错的地方马上重读，敷衍就要加读 1 遍，对孩子而言，任务很重；妈妈的心态又比较急躁，期待孩子能有立竿见影的改变，因此特别容易对孩子产生不满。最终双方互相纠缠、消耗，影响了彼此的关系，提高英语成绩的目标也很难达成。

而英语老师计划用 3 年的时间，细水长流地让孩子达成"发音地道，表达流利"的目标。这是一个非常克制的目标，所以孩子每天要完成的任务量很少，不会给孩子造成心理负担；同时，她执行力很强，对没有完成当天任务的孩子监督到位，但是不批评，最大限度减少了负面情绪对孩子学习的干扰。孩子在这个过程中获得了轻松的体验和持续的成就感，很自然地达成了目标。

英语老师给孩子铺设的是平缓而连续的台阶，孩子只需要拾级而上，就能轻松地达成目标。而这位妈妈呢，自认为给孩子设定了一个低要求的目标，实际上在急躁心态的驱动下，不知不觉给孩子设定了高难度目标。这个目标对孩子而言绝不是平缓的台阶，简直就是悬崖峭壁。如果只完成一次，还可以勉强应付，如果需要天天完成，孩子就会感到绝望。于是，孩子就产生了强烈的畏难情绪，用各种方式抗拒学习任务，亲子双方因此争吵、冲突，一个本可以达成的目标，最终变得可望而不可即。

这两个例子引申出一个话题：如何把对孩子的要求，内化成孩子对自己的要求，助力孩子走向卓越？

我认为，这个话题至少有以下 3 个方面值得注意。

梯度平缓

给孩子设定目标时，梯度要平缓。我相信，大家都会认同这句话，关键是什么叫"梯度平缓"。前面这位妈妈认为，每天读 3 遍长课文的要求不算高，这个梯度已经很平缓。

其实，这是用成年人的能力和旁观者的姿态去衡量孩子的学习任务，并没有设身处地觉察孩子的处境和感受。如果自己尝试一下就会发现，连续读 3 遍长课文，读完会口干舌燥，如果有不熟悉的单词和不会的语法，就会感觉这个过程很漫长，再加上妈妈表露出来的失望和不满，更会让过程变得又漫长又不愉快，如果每天如此，读课文就变成了一个让孩子望而却步的负担。

所以，目标梯度平缓的前提，是设置合适的梯度。那么，如何设置合适的梯度呢？

首先需要进行客观的判断。我发现，很多家长对孩子学习的任务量和难易程度没有清晰的认知，总认为孩子的作业只有那么一点点，很容易完成，这是一个非常主观的判断。家长要做出客观的判断，就需要设身处地去感知孩子的处境。

简单地说，家长要用"不会"的心态，去看待孩子的学习任务。例如，让一年级的孩子记住 5 个生字，如果用"会"的心态，我们就觉得"这多容易啊"，认为孩子记不住肯定是不用心。我们不妨类比一下，假如让我们去记 5 个德语单词，你会发现，这些单词似乎长得都差不多，又要记住写法，又要记住意思，记了半天，还是印象模糊，第二天听写，大部分都忘了，这才是初学者真实的处境。

其次，要看孩子的反馈。很多家长认为孩子的任何消极反馈，都是学习态度不端正的表现。其实孩子的抗拒和不情愿，是非常重要的信号。接收到这种信号时，家长要停下来看看，为孩子设置的目标梯度是否过于陡峭。验证的办法很简单：重设梯度，再看孩子的反馈。如果重设梯度后，孩子的抗拒和不情愿消失，那么，大概率就是之前设置的梯度不合理。

如果经常用"不会"的心态看待孩子的学习，并且重视孩子的反馈，就会积累经验，拥有贴近客观的直觉，能准确判断孩子学习的难度，设置合适的目标梯度。

持续完成

设定一个梯度平缓的目标，然后持续监督孩子完成。这听上去很简单，真正行动的时候，家长的监督却常常半途而废。我发现，对孩子的学习进行持续监督是很多家长的短板。

家长特别容易心生妄念，对孩子提出高要求，期待3天就能达成目标，然后就可以安心放手了。然而，这是不可能的，反而会陷入死循环：提出高的要求，强制孩子完成；孩子抗拒，家长不满，目标不了了之；没过多久，家长在焦虑情绪的推动下又提出高的要求，鸡飞狗跳地监督3天，这个目标再次不了了之……这些年，我眼见许多家长，卖力地监督孩子写作业，最终严重破坏了孩子对作业的感觉，把写作业变成了一个积重难返的大问题。家长的这种做法不仅没有帮助孩子，反而对孩子构成了严重干扰。

如果想让孩子持续完成每天的目标，就要像前面那位英语老师一样，不偷懒、不生气，持之以恒。通常，设置一个梯度平缓的目标，监督孩子每天完成，对孩子的挑战不大，但对家长的挑战很大。家长要足够重视这件事，不能今天忘了，明天有事耽搁，这样的话，再好的计划都会半途而废。

一旦决定持续监督，就要打起精神，严于律己，不能侥幸偷懒，不能三天打鱼两天晒网。真的这样做了，你就会发现，重复当中蕴含着排山倒海的力量。习惯成自然，这些要求最终会内化成孩子对自己的要求，哪怕没有外力的监督，孩子也会习惯性地对自己提高要求。

另外，家长不生气也非常重要。不勾起孩子的各种负面情绪，才能保障既定目标持续完成。很多家长认为做到这一点非常难，其实也不难。这里有一个小窍门，就是盯住目标，而不是盯着态度。如果盯着孩子的态度，就总会想扭转孩子，最终成了对人不对事。而盯住目标，对事不对人，允许孩子拖沓、马虎、不情愿，不管怎样，只要最终完成当天的目标即可。这样，就不容易对孩子生气。

当然，一定会有家长说："我也想持续监督，但孩子就是不听呀。"这种情况，要么是家长的态度和策略需要改进，要么是亲子关系的基础太薄弱，请参照第 2 章第 1 节 "亲子关系是头等大事"，先修复亲子关系，再谈对孩子的高要求。

尊重孩子对自己的高要求

通常，家长都希望孩子对自身有高要求。然而，即使孩子真的对自己有了高要求，只要那个高要求不是家长所期待的，家长就会粗暴干涉。

例如，有个孩子写作业很认真，这本是好事。但他的妈妈说，有时候看他写作业很着急，他写生词时，遇到不会写的，就要在草稿纸上写 3 遍，并且一定要写得特别工整；写得不好看就要擦掉重写。妈妈想着孩子还有很多其他作业没写呢，就不耐烦地说："这是草稿纸，不用写得那么工整，不用擦掉重写。"类似的事情还有很多，总之，只要妈妈觉得孩子太认真，或者认为孩子的某个自我要求没必要，就会阻拦孩子。

我对这位妈妈说："孩子对自己有高要求，你只要尊重他就可以了。你胡乱干涉，孩子会陷入左右为难的境地。孩子如果不听你的建议，他会有所顾虑；孩子如果盲目遵从你的建议，就把自己做事认真的态度丢弃了。面对这样的情况，我们不妨等一等，随着作业量的增加，他会意识到这样写字太耽误时间，自己就会做出调整。由他自己进行调整，不但做事认真的态度不会丢，写作业的速度也会加快。"

助力孩子走向卓越，最忌讳的就是家长过于心急。家长要设定梯度平缓的目标，不带负面情绪地持续监督孩子达成当天的目标。同时，尊重孩子对自身的高要求，哪怕暂时效率不高，也可以等待孩子慢慢调整。

第 **3** 章

给孩子稳稳的陪伴

你的"感觉拼盘"倾斜了吗

感觉中正，是父母的基础功课

很多家长一想到作业，就会在心中埋怨孩子学习态度不端正，认为是孩子拖累了自己，给自己带来焦灼、抓狂、无能为力的感觉。殊不知，真相恰好相反，是家长拖累了孩子。家长用负面心态对待孩子，营造出一个糟糕的心理氛围，孩子每时每刻都能感受到家长对自己的批评、否定和不满。

其实，谁拖累谁，不是最重要的，家长最关心的是：这种局面有解决的方法吗？当然有。答案就藏在我们的感知方式当中。

在家庭教育咨询工作中，我非常关注家长的感知方式，常常要求家长写亲子互动的观察日志。我发现，对同一篇日志，我和家长有完全不同的观感。并且，同一件事情，在不同的家长看来，也会有完全不同的观感。这种不同的感知方式，会深刻影响家长的教育行为。而这种内隐的感知方式，也是教育中最容易被忽略的因素。

我在咨询工作中遇到过一个小学六年级的学生。他妈妈最苦恼的就是孩子做事磨磨蹭蹭，边写作业边玩，一点儿都不专心。另外，母子关系比较紧张，妈妈说的话，孩子多半会用对抗和轻蔑的态度来回应。在一次活动中，我见到了这对母子，当时这位妈妈一直追着我诉说她的教育烦恼。我的直观感觉是这位妈妈性格急躁、说话强势，对孩子的细微情绪缺乏觉察。

咨询半个月后，这位妈妈告诉我，她先改变了自己，孩子也有很多意想不到的改变。一天，孩子放学回家，发现新买的吊椅到了，马上开始拆包装。拆了一半，家人喊他吃饭，他立刻过来吃饭。饭后继续拆包装，又和爸爸妈妈一起，用了十几分钟把吊椅组装好。孩子立刻坐进吊椅，爸爸说："再过 10 分钟去写作业。"而孩子只坐了三四分钟，就回房间写作业去了。

到了晚上 9 点，孩子告诉妈妈作文写完了。妈妈要求他背诵一下前一天落下的课文第三段，孩子说："我明天背，明天时间充裕一些。"妈妈又说："把你的作文给我欣赏一下吧。"孩子把作文给了妈妈，等妈妈看完，他满怀期待地问："你觉得怎么样？是不是很好？"妈妈对孩子说："还不错，中心意思很明确，紧扣题意，故事也讲得很清楚。只是还有不通顺的地方，咱们再读一遍，再改一改。"孩子很坚定地说："今天不改了，回头我自己再读一遍。"妈妈被拒绝后有点儿生气，但也没有强迫孩子。

这时，姥姥说："今天他听写很顺利，速度很快，中间一点都没有停顿。"妈妈也顺势肯定了孩子，孩子一副很受用的样子。接下来，孩子削了苹果，坐在吊椅上慢慢享用，后来的洗漱、睡觉都比较迅速。

看完日志以后，我随口问妈妈一句："当天你感觉怎么样？"妈妈说："总体感觉还是不错的，很多地方出乎我的意料，但是，他的背诵和作文的修改……"说到背诵和作文修改，妈妈的语气有一个急剧的转变，瞬间急躁了起来。对她而言，前半句不过是个引子，后半句才是重点。

聊到这里，我仿佛看到了一种不易察觉的倾斜：父母总是把孩子做得好的地方视为"应该"，刻意地缩小；把孩子没做好的地方视为"问题"，无限地放大。我心里忽然闪过一个念头："这种看待孩子的视角，本身就会带来大剂量的焦虑。"这是拖累孩子的开始。

不易觉察的"感觉拼盘"

按照以往的经验，这位妈妈接下来最想讨论的话题必然是，怎么改变孩子说话不算数和不肯改错的问题。但这一次，我想先和这位妈妈聊一聊感知孩子的方式，所以就拦住了这个话头。

从这位妈妈的亲子日志来看，她的孩子在这天晚上表现出很多可圈可点的改变，比如，快速地拆吊椅包装，没有耽误吃饭；坐了几分钟吊椅便主动去写作业；面对吊椅的诱惑，还能安安稳稳地把作文写好；听写速度很快且没有停顿。如果说不完美的地方，就是背诵和作文修改。

我对这位妈妈说："孩子这一晚上的行为，有积极的，也有消极的，这是咱们都能看到的，然而，咱俩看到的比例是不同的。我们不妨用'感觉拼盘'来比喻，根据你的关注点来推测，在你的眼里积极行为和消极行为所占比例可能是 60% 和 40%，然而，这还不是最终的数字。当你急切地把背诵和作文修改当作问题去消灭时，就会'只见树木，不见森林'。在你的'感觉拼盘'上，积极的行为会被有意无意地忽略，它的占比在急剧缩小；而消极行为的比例因为受重视而被过度放大，这时候你的'感觉拼盘'就倾斜了。于是，你的焦虑就从中滋生。这时候，你对孩子的关注就从一个面收缩到一个点，你的心中也产生了一个执念，认为'背诵和作文修改都没做，连这么基础的事情都不肯做，将来如何是好？'也许这时在你的心中，孩子的积极行为和消极行为的比例已经是 30% 和 70%，但你自己对此却毫无觉察。"

我继续对这位妈妈说："看了你的这篇日志，我会把孩子的每个行为和之前的做比对，不只判断孩子是否有进步，还要判断他进步的速度和难度。以前，就算没有外在的诱惑，他写作业时也会有长时间的停顿。听写时遇到不会的，就不肯继续。但这一天，他组装完吊椅，稍微体验一下就去写作业，新吊椅对自我约束能力偏弱的孩子来说非常有吸引力，在这种情况下孩子写作业心不在焉也是非常有可能的，然而孩子居然快速写完了作文，总体质量还不错。而听写的变化更显著，这不只是速度变快，还表明孩子能比较坦然地面对自己没学好的内容。另外，你问了孩子那么多细节，要是在以前，他早不耐烦了，这次他很平和地回答你，说明你们的交流也比以前顺畅了。至于背诵和作文修改，只是具体的任务而已，都是 20 分钟就能完成的事情，因此都是小事。总体来看，此前你最苦恼的两个方面——孩子做事磨蹭和亲子关系紧张，在这个晚上都得到了极大的改善，这才是根本的改变。我看了你的观察日志后感觉兴奋不已。孩子之所以能在这么短的时间内发生这么大的变化，一方面是我们的方法奏效了，另一方面是孩子有改变自己的意愿，这里面包含着孩子巨大的努力。接下来，只要把孩子的这些积极行为固化下来，他就会彻底告别以前那个拖沓的自己。因此，如果让我来评判，这一晚上孩子的积极行为和消极行为所占的比例是90%和10%。"

我继续给这位妈妈分析，如果在她的"感觉拼盘"里消极的感知占了一大半，那么她接下来的策略必然是防御和控制，然后态度紧张地盯着孩子改错。如果孩子不肯改，她就会焦虑、不满，进而影响到孩子的内心状态，诱发孩子更多的消极行为，使来之不易的改变快速地反弹回去。

其实，很多家长也曾经尝试改变，但往往因为在改变的过程中，感觉拼盘不断地向消极方面倾斜，最终导致亲子双方的相处再次回到旧有模式中。

育儿文章常常谈到儿童的感觉被扭曲，但是，这些文章往往忽略了一个侧面：家长的感觉也会被扭曲。古语道："失之毫厘，谬以千里。"感知是教育行为的起点，我们怎么感知孩子，决定了我们怎么行动。如果家长的"感觉拼盘"悄无声息地向消极方面倾斜，必然产生负面的教育行为。这也解释了很多家长的困境：明知道不应该，却忍不住对孩子发脾气。

很多来找我咨询的家长和孩子，之所以被一些棘手的问题所困扰，都是因为这个"感觉拼盘"在此前的几年里以极其缓慢的速度在倾斜。作为家长，一定要常常提醒自己，不要一发现孩子身上有不好的苗头，马上就动用消极手段去控制、强迫孩子，这会与我们的目标背道而驰。

"看见"的力量

仅仅指出问题是不够的，还要找到改变的方法。

我对这位妈妈说，如果我站在她的位置上，假设我感知到孩子 90% 的行为都是积极的，自然会欣喜、兴奋，对孩子由衷地欣赏，并很自然地把这种感觉表达给孩子。当孩子完成作业时，我会对他说："儿子，今天你有 5 个地方让我没想到——我没想到你拆包装那么迅速，没想到你能立刻过来吃饭，没想到安装完吊椅只玩了几分钟就去写作业，没想到你的作文写得那么好，没想到你的听写那么顺畅。妈妈今天对你特别满意，尤其觉得你的作文写得好，很出乎意料，妈妈只发现了 3 个错别字和 2 个不通顺的句子，妈妈给你标出来了，你一会儿花几分钟改一下，咱们今天就完美收官了。"

这位妈妈听我这样一说，忍不住感叹道："这样说好！哎呀，要是我当时这么说，以我儿子的性格，他肯定立刻就动笔改了。"

我从细节上提醒这位妈妈，孩子好不容易把作业写完了，再拉着他重读作文，然后寻找病句和错别字，在他的想象中，这样做需要花费很长时间，他肯定不愿意。但是，称赞他之后直接指出问题，他乐于去修改的概率就高得多。

这段时间，孩子之所以有很大进步，当然也是因为妈妈的改变。好的感觉产生动力。当我们"看见"了孩子的积极行为，"看见"了他的内在动力时，他也就看到了积极的自己。就像这个晚上，孩子在家长没怎么管束的情况下，涌现了密集的积极行为，这是孩子在用内在的力量驱动自己。

我越来越意识到，家庭教育咨询工作不只改变了家长和孩子的行为，更改变了双方内在的感觉。当家长的"感觉拼盘"中正、平衡时，家长能看见孩子全部的好，能看见孩子的真实存在，映照出孩子生命的光彩。孩子的"感觉拼盘"也跟着回到了中正、平衡的状态，这样，孩子也能从积极的角度看待自己，在赞赏自己的同时坦然接纳错误并给予修正，用内在动力驱动自己。在这样的状态中，孩子变得行动迅速、态度平和，是自然而然的事情。

家长不该把目光全部放在孩子身上，相反，应该把相当一部分注意力收回到自己身上，觉察自己感知孩子的方式。尤其是作业问题，在每一天，每一刻，都要关注自己的感觉拼盘是否发生了倾斜。时时刻刻从感觉层面去修正自己，这是家长的基础功课。

建立观念数据库
从主观推敲到客观验证

谈到写作业的话题，大部分家长都关心怎么改变孩子。遗憾的是，常常出现"越努力、越糟糕"的局面。为什么会这样呢？这是因为，观念决定行动，如果观念跑偏了，那么就会越努力、越糟糕。

不管我们是否意识到，每个人都有一个"观念数据库"。这个数据库可能是主动建设的，也可能是被动形成的。具体到写作业这个话题，每个人的观念数据库也各不相同。

对大部分家长而言，与写作业有关的观念数据库都是自然形成的，这些观念来源大致有这样四类：自己小时候关于写作业的体验和记忆；承袭老师和家长对写作业的看法；未经深思的想法和判断；来自媒体和育儿书的观念。其中大部分观念都是未经验证的、主观的，导致家长在与孩子的客观互动中常常冲突不断。

例如，有位妈妈觉得不该干涉孩子，怕引起孩子的反感，这个观念来自育儿图书。但她看到孩子没写作业，又无比心焦，就进入了一个非常挣扎的内心状态。她在日志中提到，她前后暗示孩子 15 次之多，比如：这是你的草稿纸吧？你上学期的卷子还要吗？我帮你收拾收拾书桌吧？你接下来想做什么呀？什么时候开始写作业呀？需要我帮忙吗？……到了第 15 次，孩子忍无可忍，歇斯底里地喊了一声"滚"，冲突就此爆发。

其实，这位妈妈绕来绕去，想说的无非就是一句"孩子，你该去写作业了"。遗憾的是，这位妈妈的感知能力完全不在线，她可能没有意识到，虽然她非常害怕孩子反感，但自己的行为已经让孩子极度反感。

我对这位妈妈说："'不要总是干涉孩子'，这个想法是对的，然而，在具体的场景中，你与其干扰孩子 15 次，让孩子心烦意乱，不如直接提醒孩子'你该去写作业了'。"

在咨询中，表面上看我是在教家长方法，其实我会花很大一部分精力去梳理家长的观念数据库，让这个数据库最大限度符合客观现实。如果观念跑偏了，再好的方法都会发生动作变形，或者南辕北辙。

那么，怎样才能拥有客观的数据库呢？有两种方法，即主观推敲和客观验证。

所谓主观推敲，就是要有质疑精神，去伪存真。

例如，有的家长在网上看到"女孩要富养"的观念，觉得特别有道理，于是就给女儿买最贵、最好的东西，认为这样女儿才不会有匮乏感。但我们不妨继续追问一句，如果女儿长大以后，没有足够的能力富养自己怎么办？那时候，岂不是更会有严重的匮乏感？其实，很多看上去特别正确的教育观念，都值得这样反复推敲。这个推敲的过程，会让我们变得更客观。

所谓客观验证，就是在与孩子相处的过程中，看这些观念能否落地，能否达成预期的效果。例如，有的育儿图书中说"孩子不想写作业，想玩游戏，就应该无条件地满足孩子，等孩子玩尽兴了，就会主动写作业"，像这样的观点，对与不对，看看现实的例子就一目了然了——真实的情况是，只有极少数孩子能回归主动，大部分孩子会沉迷游戏，个别孩子甚至不肯去上学。

有位家长问："难道我们不应该给孩子自由与信任吗？"我说："你要更加信任游戏团队，每一款游戏的背后，都有大量的开发人员在夜以继日地工作，包括最顶尖的游戏人才，他们殚精竭虑，目的就是吸引玩家一直玩下去，如果吸引不了玩家，是他们整个团队的失败。"所以，任何自由与信任都不是绝对的，家长要掌握好这个"度"。

因为对教育的热爱，再加上职业的需要，我一直对自己的教育观念进行主观的推敲和客观的验证，这个过程漫长而又密集，所以，家长会觉得我的观念数据库更加丰富、客观。在这里，我通过总结在咨询中最容易发生碰撞的一些观念，提炼出 10 个关键词：**要求、认真、分寸、耐心、讲道理、态度、改错、讲题、语气、亲子时光**。这些关键词有一定的普遍性，相信会对读者有一些启发和触动。

要求。家长常常对孩子说："我的要求不高呀，'上课专心听讲，回家快点儿写作业，字迹工整，把不懂的弄懂，多阅读，早睡觉'，仅此而已。"然而，家长忽略了一点，如果孩子能将上述要求全部做到，就意味着孩子的专注力很好，执行力很好，意志品质很好，学习习惯很好，计划性很好……就是完美的好学生。是的，我们总是有意无意地用完美的标准要求孩子，还口口声声说自己的要求不高。

认真。"你怎么就不能认真点儿呢？"很多家长一想到孩子学习态度不端正，就感到痛心疾首，并想方设法去纠正。其实，这样的做法非常不客观，我们一定要明确一点：学习态度无法在一夕之间改变。我自己从来不和孩子的学习态度较劲，我会单刀直入地问自己："今天晚上，这个孩子能达成的客观目标是什么？如何达成？"接下来，哪怕这个孩子磨蹭拖延、无理取闹，我也不气恼，只是要求他必须完成任务，并且事后绝不翻旧账，不让这件事情引发的情绪蔓延到下一个任务。我确信，每天完成一个小目标，孩子不端正的学习态度早晚会被扭转过来。

分寸。家长管理孩子，往往有个奇怪的逻辑："只要孩子做得不好，或者认为孩子做得不好，就要管，至于怎么管合适，先不想，管了再说；孩子要是不听，那可得好好管管。"我们一定要明白，管理是把双刃剑，对孩子的管理并非越多越好，盲目地管，有时候会让孩子的处境雪上加霜。我在和孩子打交道时会时刻提醒自己，无论孩子表现得怎样，我都没有无限管理的权力。当我想管孩子的时候，我会先问自己的"管"能否符合三个条件，我称之为"过三关"：我能确保是在"做加法"吗？我能最大限度带给孩子积极的感受吗？我能增强孩子的主动性吗？符合这三个条件，我就坦然地去管；不符合，我就转身闷头想对策。我发现，能过这三关的对策其实不多，所以，大部分时间，我只是沉默、克制、等待。

耐心。家长对"耐心"的态度，往往特别矛盾。一方面，家长很期盼自己的孩子有耐心；另一方面，在培养孩子耐心的议题上，家长又显得特别没有耐心。我在咨询工作中发现，家长恨不得一天就能彻底解决孩子的磨蹭、拖沓、马虎。这种心态是典型的"期待冲顶、耐心为零"。面对没有耐心的家长，我会反复提醒：一定要做好心理准备，就管理孩子写作业这件事而言，哪怕策略对路，在最初的一小段时间内，也基本看不到什么改变。这一小段时间的长度，因人而异，可能是几天，也可能是一个月。这是因为，有些家长在管理孩子写作业的同时还需要修复亲子关系。在管理孩子写作业的过程中，家长的心态特别重要。如果家长每天只关注孩子的表现，就会欲速则不达；如果家长重点关注自己做得对不对，"只问耕耘，不问收获"，允许孩子带着问题往前走，孩子的改变往往最快。

讲道理。我发现家长有一项神奇的能力，能把对孩子的一切要求都转化成讲道理，例如，"你要认真仔细，字迹工整，多思考，抓紧时间……"家长说了很多，孩子全部当成耳旁风，不仅如此，孩子内心还会升腾起无法言说的厌烦感。

我特别不喜欢别人给我讲道理，也最不愿意给孩子讲道理，我会把道理转化成可执行的方案，比如，我会圈出几个字并告诉孩子，写得这样潦草，就得重写；或者，在孩子写作业前确定一个时间表，我会按照时间表，逐一检查孩子的作业完成情况。

当家长有了强大的执行力，就会主动放弃"讲道理"这个选项。

态度。家长经常说，一提写作业，孩子就无精打采。其实在我看来，一说到管理作业，家长也常常愁眉苦脸。有些家长对孩子说的每句话，都透出不满、焦虑和不耐烦。家长经常紧盯着自己心中的目标，完全不理会孩子发出的信号，一门心思拖着孩子往前走。殊不知，正因为孩子写作业无精打采，才更需要家长用足够的耐心和喜悦感，把孩子带出沮丧的情绪沼泽地。

改错。我曾经问很多家长："你能让孩子欣然改错吗？指出孩子的错误时，能不那么声色俱厉吗？"家长说："不能，我没有那么淡定。"我们不妨换个角度想，孩子做错一道题，并不是很严重的事，处理方式也很简单，"错一遍，就改一遍；错一万遍，就改一万遍。"当然，孩子也不可能做错一万遍。对孩子而言，早错早改，也是好事。只要你不痛恨孩子犯错，就可以和颜悦色地陪伴孩子改错。

讲题。有位家长对孩子怒吼："我在给你讲题，你倒是好好听啊！"过了一会儿，我悄悄对这位妈妈说："其实，你讲的那道题目我也没听懂。你的讲题方法有三个问题。第一，没有抓住孩子的注意力。你特别卖力地讲题，孩子却在东张西望；第二，没有抓住孩子不会的点。你从头开始讲，而不是抓住困扰孩子的难点讲，针对性不强，孩子根本没有耐心听；第三，简单的问题复杂化。绕来绕去，最终把孩子原有的解题思路都搅乱了。"我们必须承认，讲题是很专业的事情，这正是优秀教师的看家本领。家长最常犯的错误是，自己没有讲好题，却怪孩子不好好听。

语气。根据我多年的咨询经验，如果家长与孩子沟通写作业问题时能语气慢一点儿、稳一点儿，让气氛轻松一点儿，孩子写作业的问题至少能消除 30%。

亲子时光。这些年，我见过太多的家长因为写作业问题对孩子大发雷霆。写作业固然重要，但亲子相处的时光不是更宝贵吗？小学阶段，孩子白天上课，每天与父母共度的有效时光也就 3 小时；到了初中，孩子会更忙，有效亲子时光能达到 2 小时就很好了。我们不妨做一道算术题，小学和初中的有效亲子时光加起来，约 8940 小时，听着挺多，折合成天数，是 372.5 天，也就是说，在孩子的整个小学和初中阶段，我们真正和孩子朝夕相处的时间，折合起来，大约是一年左右。如此短暂而又宝贵的亲子时光，我们怎么忍心鸡飞狗跳地度过呢？10 年之后回头看，写作业问题早已是过眼云烟，而这段时光，将永久凝固在我们和孩子的记忆当中，是亲子之间重要的精神纽带。

家长的信用额度
你进入孩子的"失信名单"了吗

　　大家都知道，如果一个人去银行申请贷款，银行首先会审查他的信用记录。如果信用记录良好，银行就有理由相信，这个人大概率是个讲信用的人，并且具备良好的还款能力，可以放贷；如果信用记录极差，要么说明这个人还款能力严重不足，要么是他不讲信用，银行据此判断贷款给这个人风险极高，因此拒绝放贷。

　　很多家长并未意识到，他们在孩子的"情感银行"中也是有信用记录的，而且孩子随时随地都在调取这个记录。遗憾的是，一些家长早已经进入了孩子的"失信名单"还不自知。其实，是否进入"失信名单"很好判断。如果亲子双方经常沟通不畅，孩子对家长是排斥的、不信任的、别扭的，甚至是愤怒的，那家长多半已经进入了孩子的"失信名单"。

有一件小事，让我特别感慨。我的小侄女打电话给我，说放寒假想来北京找我。我说："非常欢迎，但是，周一到周五我要工作，只能周末带你出去玩。"没想到小侄女居然说："我去找你不是为了玩，我要去'抢'作业。"所谓的"抢"作业，就是提前把作业写完，然后安心过春节。去年春节，我回家待了6天，她完成了大部分作业，特别有成就感。我相信，她也对这件事情记忆深刻。

我管理她写作业，其实对她只有少量的监督，不批评也不催促，还常常肯定她，她能在写作业的过程中找到振奋的感觉。我猜测，在小侄女的记忆中，去年春节写作业的过程是轻松、愉快、高效的，让她很有成就感。她还想再延续这种感觉。

她之所以舍近求远地来找我，是因为她在妈妈那里找不到这种感觉。她妈妈管理她写作业时会比较焦虑，总是怕她写不完，她稍微做得不好，妈妈就唠叨、数落她，甚至对她发脾气。整个写作业的过程，让她感到烦躁、低效、无力、挫败，她肯定想躲避这种感觉。

我经常和她妈妈交流她写作业的问题。她妈妈说她不爱写作业、磨蹭。但在我看来，小侄女并不是不爱写作业，只是不爱在她妈妈的监督下写作业。这一点，她妈妈也是承认的。她说，每次我一回来，小侄女连表情都不一样了，总是笑眯眯的，做什么都劲头十足，甚至会主动洗碗、做早餐。这些事，平时哪怕要求她做，她都不肯做。

如果查一查我小侄女"情感银行"的"信用记录"，她分配给我的信用额度显然更高。所以，她愿意奔波几百公里，跑来找我写作业。

千万不要小看了这个信用额度，具体到写作业，信用额度就是通行证。在我这里，我只要稍微关注一下她写作业的节奏和进度，她就能写得很好。而她妈妈费尽心思地监督她，到头来却是两败俱伤。

那么，如何在辅导孩子写作业的过程中，提高家长的信用额度呢？我根据自己的体会和咨询中积累的经验，总结出三个要点：**起始心态、责任归属、改变密码**。

起始心态

我曾经和一位妈妈讨论育儿的起始心态。所谓的起始心态，就是你和孩子互动时内心的第一感觉和第一个念头。我们以一个小场景为例。早晨醒来，你想到孩子时的第一感觉和第一个念头是什么？这位妈妈说："我想，他是不是又在看电视，一点都不自觉，我对他说了多少遍看电视对眼睛不好。而且马上要考试了，他也不抓紧时间复习。不满的情绪不由自主地产生了，就想数落他一顿。"我以小侄女为例，我早晨醒来，一瞬间就想到了与她有关的许多美好回忆，内心涌动着满满的怜爱。我想立刻见到她，和她说笑、打闹，就这样待在一起，都特别高兴。想起她之前虽然也有不愿意写作业的时候，但最后都完成了，态度还不错。我就很自然地对她产生信任的感觉。

我们的起始心态是一面镜子，我们从中看到的，未必是孩子的本来面目，而是他们在我们心中的投影。这个投影，决定了双方互动时的心态和质量。

我们不要忘了，孩子对待家长也有一个起始心态。如果此前写作业的经历不愉快，那么，你不带情绪地对孩子说一句"该写作业了"，孩子都会本能地恼火。

我发现，很多家长和这位妈妈一样，对孩子的起始心态是负面的，总想着孩子从前做得不好的地方，厌烦和不满的情绪根本掩饰不住，于是，就会把这种不友好的看法传递给孩子；孩子感受到这一切，看待家长的起始心态也是负面的。双方互相纠缠，进入恶性循环，起始心态越来越负面，积怨日渐加深，写作业问题就越来越难以解决。

如果家长对孩子的起始心态是正面的，你看着孩子满心欢喜，孩子也用满心欢喜回应你，就形成了良性循环。在这种心理氛围之下，写作业问题就会迎刃而解。

所以，管理孩子写作业，最忌讳剑拔弩张的氛围，调整好我们的起始心态，正面地看待孩子写作业问题，才会事半功倍。家长要经常提醒自己，对孩子的看法要尽量积极，让自己的情绪保持稳定。

责任归属

在针对写作业问题的咨询中，我发现一个普遍的现象，就是家长总是一脸无奈又义愤填膺地控诉孩子："我管他写作业，提醒两句就烦，给他讲题，他也不认真听，一点都不自觉，我什么办法都用了，他就是不好好写作业，特别磨蹭，气死我了。"听上去都是孩子的错，所以，我不得不扮演侦探的角色，拨开情绪的迷雾，寻找事实的真相。

当然，我绝不是说家长在撒谎，因为家长真的是这样认为的。从家长的视角看，自己一片苦心，孩子就是不配合，而且，拖沓、烦躁、敷衍、马虎等所谓的毛病，也确实是孩子的行为和状态。

　　教育的特殊性在于，很多所谓孩子的问题和毛病，因在家长身上，果在孩子身上，而成长又是一个漫长而复杂的过程，所以其中的因果联系，没有办法像数学定理那样清晰明了。家长看不清这种因果联系，非常容易本能地认为："自己没错，错都在孩子身上。"这种责任归属，会让家长特别愤怒，又特别无力。家长在管理孩子写作业时容易发火，和这种思维直接相关。就说我小侄女的妈妈吧，因为管我小侄女写作业，差点儿一脚把门踢坏，而我的小侄女根本不买账，她说："你爱生气，你想踢门，关我什么事？"

　　有一种思维方式，能直接斩断家长和孩子之间的这种恩怨纠缠：既然是家长管理孩子写作业，那么没管好就只能怪家长自己。这样的思维方式听上去很武断，作为家长，你可能感到委屈，也可能不服气，然而，你会发现，一旦把责任归在自己身上，就彻底终结了那种愤懑又无助的状态。既然是自己没管好，那就继续想办法，不要自欺欺人地认为什么办法都用过了。其实，你只是把一个无效的办法重复使用了好多遍而已。

　　还是以我的小侄女为例。别看她这么积极地找我写作业，这绝不意味着她在写作业的过程中能一直保持积极、稳定的状态。有一年的暑假，她曾连续磨蹭两三天，才找到写作业的感觉。遇到这种情况，我一丝一毫都不怪她，这种局面需要我想办法应对。通过各种努力，我终于把她的状态扭转过来，她之前的一切表现，都成了生活的点缀。每当想起这些，我都会会心一笑，绝对不翻旧账。

改变密码

也许你会问："就算我不断练习，找到了积极的起始心态，也把责任归到了自己身上，但是，面对漫长而又煎熬的陪孩子写作业的过程，我常常控制不住自己，该怎么办？"

改变的秘诀，就是一直用积极的方法对待孩子。这听上去一点儿都不复杂，但要做到这一点则相当有难度。毕竟，孩子磨蹭拖拉、厌倦写作业的行为，并不是一两天就能改变的，当这些状况频繁出现时，家长内心的稳定性会遇到极大的挑战。

而且，刚开始的时候，家长还是会忍不住用消极的方法对待孩子。那么家长也要接受自己的客观现状。从消极到积极，注定要经历一个过渡阶段，我们不妨进行过渡练习：允许自己使用原来的消极方法，但事后要进行反思练习，匹配积极的方法覆盖原有的消极方法。这样做就相当于更新了自己的方法数据库。

当然，这个方法一定要具体，而不是单纯地想着：
"我又吼孩子了，下次一定要耐心些。"可以猜到，你下次
很可能还是忍不住吼孩子。因为，你没有改变对这件事情
的认识，也没有想出具体的改变方法，"让自己耐心些"
充其量只是对自己的提醒而已。

那么，思考积极的方法要做到什么程度呢？我们举例
来说明。例如，家长经常这样催孩子写作业："你看看，
都几点了？赶紧写作业，把手机给我。不是说只玩半小时
吗？你看，你都玩了 40 分钟了，这多伤眼睛呀，一点都
不自觉。赶紧写，别磨蹭了，一会儿又写不完了，耽误了
睡觉，明天犯困，哪有精力听课呀？"

这些话，作为旁观者听着都烦。我们不妨换一个积极
的方法："孩子，到时间了，把手机给我，去写作业。"

这个方法态度中正，表达简洁，然而，想出来未必就
做得到。练习还没有结束，我们还要像演员入戏一样，在
心中反复揣摩和演练。你会发现，这其中有一个真实而又
巨大的障碍，就是自己的情绪。如果你心中充斥着对孩子
的不满，那么即使一字不动地说这几句话，也会说得很僵
硬、很别扭。所以，这个积极的方法不仅要具体，而且要
能说服自己真正去执行。

当然，有的家长会本能地问："如果我说了他还不听呢？"不管怎样，只要这个积极的方法好于原来的方法，就值得尝试。如果家长都做到位了，孩子依然不听，那就不是方法的问题，而要回到亲子关系的层面去解决问题。

信用是需要积累的，这是一个长期而又缓慢的过程。就如同我们在银行的信用额度一样，不可能一两天内就得到大幅度提升。孩子给我们的信用额度，也不可能在一夕之间改变。要想提高这个信用额度，需要践行一句话："用积极的方法对待孩子，并持续下去。"当孩子对你产生了坚实的信任，当孩子相信你会用积极的方式回应他，相信你情绪稳定、可以沟通，相信你内心笃定，能与他同频共振，改变就会发生。

父母如何不崩溃
清零旧账，不记新账

在咨询中，家长经常对我说："昨天又没忍住，吼了孩子一顿。"我发现，有的家长虽然什么道理都明白，但哪怕在咨询中，也常常一次又一次地崩溃。我大致总结了一下令家长崩溃的理由，最主要的三点是：第一，怎么催都催不动孩子；第二，和孩子说话，给孩子讲题，孩子注意力涣散，把家长的话当耳旁风；第三，孩子说话不算话，比如按时收起手机写作业这件事情，双方能拉锯半小时。

这样的时刻常常让家长陷入双重崩溃。一方面，为推不动眼下的小事而气愤、焦灼；另一方面，为孩子的前途担忧，家长觉得看不到希望，孩子的未来一片灰暗。因此，家长觉得必须做点什么，甚至不惜以发脾气的方式强迫孩子改变。有时候，孩子因为恐惧勉强改变一下，但很快又会故态复萌，并且会变得更加不合作。于是，亲子互动就走进了死胡同。

接下来，是家长一次又一次的崩溃，在这个过程中，无效的办法一直被循环使用。孩子能怎样呢？从无所适从，到歇斯底里，再到绝望沉沦。

家长常常问我："我真不想骂孩子，但有时就是忍不住，怎么办？"

我很干脆地告诉家长："办法是有的。你之前用的办法，必然会走进死胡同，要想不生气、不崩溃，就要像河流改道一样，找到新的方向。"

那么，怎样做才能找到新的方向呢？下面的三个方法，可以助你一臂之力。

方法一：旧账清零

其实，不管孩子做什么，一个具体的行为都不足以让人崩溃。例如，有位妈妈说，一道题目给孩子讲了 3 遍，讲的时候就明显觉得孩子在走神，果然，讲完第 3 遍，孩子还是不会。如果我们站在旁观者的角度，理智地想，既然都讲了 3 遍，也完全可以讲第 4 遍嘛。然而，家长身处其中，很难有这份理智，因为对孩子行为的负面记忆会在这个瞬间涌现，孩子昨天的磨蹭，前天的潦草，大前天的蒙混过关，像过电影一样，都想起来了。当这种负面记忆叠加在一起时，情绪就有了排山倒海的力量。

如果家长不想被这种情绪淹没，最强有力的办法，就是斩断它，即无论从前孩子表现怎样，家长都要下定决心把旧账清零，永远不翻旧账。就事论事，集中注意力解决眼前的问题。

这个斩断的过程显然不可能一蹴而就，毕竟，记忆的力量非常强大，常常不知不觉中把我们拉回从前，在心中数落孩子的种种不是。每当这时，就需要我们有意识地把自己的注意力拉回当下，看看当下发生了什么，该如何应对。

当然，销毁旧账很难，每一次的挣扎都很痛苦。当你觉得困难的时候，可以试试这两个诀窍：一是提醒自己，过往的旧账都是自己没有应对好才产生的，自己种的苦果，终归要自己面对；二是问自己"我当下的目标是什么？"，在自我开解一番，厘清具体的目标后，旧账也就被推到一边了。

虽然销毁旧账已经非常难，但这还不够，还要做到一点，就是不再记新账。因为新账会变成旧账，有旧账就躲不掉翻旧账。所以，最彻底的做法是销毁旧账，不再记新账。

曾经有家长问我："你说得轻巧，你能做到吗？"实事求是地说，我真的能做到。这倒不是因为我脾气好，而是因为我对旧账、新账有自己的看法。这么多年来，有一句话特别疗愈我："孩子就是一个状况百出的存在。"

我曾经调侃一位家长："哎呀，你这容错率也太低了，你儿子不就是写个作业嘛，要写十几年的，偶尔表现不好，多正常啊，又不是什么人命关天的事。"在孩子成长的路上，难免有沟沟坎坎，在我看来，天底下就没有不出状况的孩子，只是程度不同而已。既然如此，有什么好纠结和埋怨的？不管遇到什么情况，兵来将挡就好，当下能解决的就解决；解决不了的，就带着问题走一段，等待新的契机再解决。

在这里，我特别想分享一个略显夸张的表达：客观治愈一切。这样说也许太绝对，但你会发现，回到客观真的有神奇的力量，能破除妄念，消除各种奇怪的逻辑，让头脑回到清明的状态。

方法二：先想办法，再论证能否做到

曾经有位家长，因为孩子长时间注意力不集中，自己崩溃了，狠狠地批评了孩子一顿。事后，我对这位家长说："你看，孩子注意力不集中，你崩溃了，然后你的注意力也涣散了，心中充满了各种怨念，这都是'没用的'策略。"

那么，什么是"有用的"策略呢？具体到上面这件事情，就是怎样在当下抓住孩子的注意力。我发现，家长崩溃，往往是因为需要对一个具体的问题做出选择，而自己连一个备选项都没有。

所以，要想在遇到问题时不崩溃，就要集中自己的注意力去想办法，而且不能只想出一个办法，要想出一系列办法来。有了多个选项，你会发现自己就不会再崩溃了，因为你有了更多可选择的应对之策，对这件事情拥有了掌控力。这里要特别说明的是，这个掌控力，并不是掌控孩子，而是掌控局面，能应对各种状况，这是一种宝贵的能力。

有的家长说："我想办法了，但就是想不出来呀。"这种情况我在咨询中经常遇到。这是因为许多人没有建立起思考的习惯，他们认为自己在思考，其实是在焦虑，心中想的是："这可怎么办呢，有什么办法吗？哎呀，得赶紧想个办法。"这样挣扎了半天，很苦恼地说出"想不出办法啊"。此外，有的家长对自己期待太高，总期望瞬间想出三五个绝妙的办法。事实上，就算建立了良好的思考习惯，好办法的产出率也没有那么高，因为每个办法的背后，都隐藏着你对这件事情的认知，一个人的认知能力无法提高得那么快。

还有的家长，一边想办法，一边否定自己。例如，"我要加强对孩子的监督，但这样好像会影响他的自主性吧。"或者，"我要给孩子空间、信任孩子，但是如果他一直懈怠怎么办呢？"你会发现，这样的办法其实只能算作一种思路，还没有达到具体、可执行的程度，就被自己否定了。于是，家长就进入一种"两头堵"的状态，无论如何都想不出一个像样的办法来。

遇到难题时，思考的路径非常关键，不妨分两步走。第一步，尽量想办法，不去考虑办法够不够好，不否定自己，先列出足够多具体的、可执行的办法；第二步，将办法汇总并做出取舍。通常，留下前三个办法就够用了。其他的办法可以作为我们方法数据库中的素材。

你不妨尝试一下，每次遇到问题，都要求自己想出 3 个解决办法，无论优劣。只要一直坚持这么做，思考就会逐渐达到自动化的程度，遇到事情，脑海中会自然而然地浮现出几个解决方案。

方法三：在自己身上下功夫

这些年，经常有人调侃一些家长的做法，说"父母生病，孩子吃药"。这个逻辑听上去很可笑，然而在现实中，许多家长不知不觉进入了这个逻辑陷阱。

以我在咨询工作中遇到的一位家长为例。孩子在写英语作业时，一个语法题做错了两次，待孩子订正完找家长签字时，这位家长便对孩子说："你连续做错了两次，这次要给我讲明白，我要确定你是真的弄懂了。"孩子直接回绝："我不讲。"家长和孩子纠缠起来："你这是什么态度？为什么连续做错？说明你不会，你把课本拿来，给我说清楚这两个语法之间的区别……"这位家长当时特别气恼，觉得孩子态度很差，既不耐烦又不配合。

这位家长还把当时的一段录音播放给我听，整个过程将近 20 分钟。我仔细听了录音，然后对这位家长说："我和你的观感完全相反，我觉得你家孩子脾气挺好的，一件小事，你长篇大论跟他唠叨这么久，换成别的孩子，早'爆炸'了。而且，我也不觉得他的语气有多过分，有点不耐烦是真的，但这分明是你的说话方式导致的。"

家长听了很诧异，怎么会是自己的说话方式导致的呢？她说，她和孩子相处，有个迈不过去的门槛，就是会忍不住对孩子气恼，在日常的相处中，常常因很小的事情恼火好几天。这种感觉特别困扰她，也深深地伤害了亲子关系。于是，我就以这件小事为例，问这位家长："你能否找到开解自己的办法，一点都不气恼，坦然接受孩子的拒绝？"

她尝试着寻找，想着想着就成了："你既然不接受我的要求，那你想干什么？你现在不讲，什么时候讲？"

我再次提醒她："你这不是让自己接受，而是继续强迫孩子接受。"她又试着寻找思路："你凭什么不讲？你给我一个理由。"我再次提醒她："你又气恼了，这依然是在指责孩子，要把注意力收回到自己身上，找到开解自己的办法。"

她想了很久，总算勉强想出几条：第一，孩子不想讲，硬让他讲，到头来大吵一架，影响亲子关系，这是丢了西瓜捡芝麻，何必呢？第二，孩子有权利表达拒绝，是我又在挑起战争了，要先改变自己的态度；第三，孩子已经给了我一个强烈的信号，既然他不高兴，我要先退一步，看看除了让他讲一遍题，还有没有别的办法。

想到这些，她心中的火气总算平息下来。在这里，我要再强调一句：客观治愈一切。像这位家长开解自己的过程，就是回到客观。当时，无论孩子会还是不会，他真实的态度就是不想讲，家长要学会接受这个客观现实。

我通过对很多家庭的观察发现，如果家长沉浸在自己的主观世界中，奉行的逻辑就是："我是对的，我为你好，我用心良苦。"那么，孩子就永远都是错的。这个逻辑，会让彼此的关系永无宁日。而回到客观，就是眼中有自己、有孩子。在孩子拒绝我们、不配合的时候，我们要知道这未必全是孩子的错，也可能是我们自己的逻辑和态度出错了。家长承认自己也会出错，谁错谁改，才能拥有和谐的亲子关系。

第 4 章

交还控制权

最低限度介入
小幅度降低管理频率

就孩子写作业这件事，家长有一个无法回避的话题，那就是：要不要管，怎么管？围绕这个话题，曾经产生很多争论，大家都各执一词。有两种极端的主张，一种是完全不管，另一种是要管得彻底。持这两种主张的家长都能说出各自的理由，都能举出成功的例子，但弊端也都很明显。在管理孩子写作业的问题上，我不主张走极端。我的主张是："管，但要少管。"我始终遵循一个原则：最低限度介入。

先说说为什么要最低限度介入，而不是相反。理由有两个：第一，在现在的家庭教育中，管得少非常罕见，管得太多才是普遍现象；第二，作为家长，特别容易从自己的主观期望出发，总能找到管孩子的理由。

过度管孩子，常常会给家长一种岁月静好的错觉。等到了某个阶段，它的弊端真正暴露出来时往往为时已晚。

前几天，一位家长找到我，说她读初三的儿子，在学业上遇到了很大的困难，成绩直线下滑。孩子也很想改变现状，但是充满了无力感，最终陷入颓废状态。

我根据这位妈妈的微信留言推测，这里面可能存在三个问题：父母强势；爱讲道理；监督过度。后来我们通了电话，情况果然如我所料。

这位妈妈说，她是企业高管，做事雷厉风行，对孩子要求也很严格，孩子从小到大，她一直陪伴、监督学习；而孩子的外公外婆都是教师，特别爱讲道理，总是语重心长地教育孩子；孩子的爸爸性格内向，容易焦虑，也常常给孩子施加压力。

我发现一个规律，在小学阶段，孩子的好成绩靠家长过度的控制、讲道理、监督维持，常常给家长一种错觉，让他们觉得孩子"长势喜人"，很自然地期待孩子到中学阶段也能一路过关斩将，保持学业优势。然而，这样的好成绩往往是虚假的，背后缺少能力的支撑。孩子的统筹安排能力、独立思考能力、坚持精神和自我激励能力都很弱，到中学阶段，他们稍微遇到一点儿挑战，就特别容易全线溃退。

所以，家长一定要警惕对孩子的过度管理，否则，等看到不良后果，已经来不及改变。

"最低限度介入"原则的执行难点在于弄清楚什么是最低限度，怎样找到管与不管的分界线。其实，这条分界线也恰好是孩子能力的边界线。换句话说，孩子能自我管理的部分，我们不管；孩子经过训练能自我管理的部分，我们逐渐放手；孩子无法自我管理的部分，我们来管。

我必须说明，这条分界线不是我想当然地划出来的，它是客观存在的，也是不断变化的。每个孩子的最低限度都不同，甚至同一个孩子，在不同的年龄和状态下，这个最低限度也是不同的。所以，最低限度介入，并不是固守一条刻板的分界线，而是要根据孩子当下的客观现实去寻找、去判断。接下来，我们就说说如何做到最低限度介入。

找到现实的管理边界线

说到"少管"，很多家长会本能地想："我管得不多呀，我已经很克制自己了。"我相信这句话是真的，如果不克制，家长可能每分钟都要管孩子。

管得多不多，不妨用事实说话。建议家长做一个统计：每天晚上临睡前，记录当天的管理行为，把管孩子的次数和时长都记下来，包括提醒孩子开始写作业，阻断孩子走神，关注孩子的作业质量，检查作业，给孩子讲题，各种催促、讲道理，等等。

把这个次数统计出来，家长可能会大吃一惊。有位家长发现，尽管她自认为已经非常克制，一个晚上还是管了孩子 20 多次。还有的家长，一晚上就和孩子吵了两次架，各种情绪夹杂在一起，争吵时长有 3 小时之多。

在管理孩子的过程中，除了管的次数和时长，还有一个要素非常关键，就是家长的情绪和心态。如果用非常焦躁、不满的态度管孩子，孩子的负面体验会成倍增长。

在咨询中，有家长的日志为依托，我和家长讨论得比较具体，家长通常比较容易理解什么是最低限度介入。但我经常被问到一个问题："什么样的管理频率算适度？"

说实话，这个问题挺难回答的。对于不同年龄、不同性格、处于不同亲子关系状态的孩子来说，这个数字差别很大。即使是同一个孩子，每天的作业量不同，写作业的状态也难免有高低起伏，很难用一个数字机械地概括。我只能根据经验，给出一个大致的参照范围。我认为，中等程度的管理，是从孩子放学到睡觉，各种管理行为都算上，不超过 10 次。而比较理想的状态，是整个晚上的管理行为，控制在 3 次以内。

当然，这是理想状态，现实是怎样的呢？

我在咨询中见过很多家长，他们事无巨细地管孩子，一个晚上管孩子三五十次，甚至上百次。不夸张地说，看着这些家长的日志，我都替孩子头疼。孩子在这样的管理下写作业，肯定会出状况，甚至亲子关系也已经破碎不堪。

不管怎样，家长要先找到自己现实的管理边界线，无论这条边界线在哪里，都是家长真实的起点，家长要从这里开始，降低管理的频率。

小幅度降低管理频率

既然已经找到了管理边界线，并且已经意识到现实的管理频率太高，导致孩子的负面感受过多，那么，接下来的任务，就是小幅度降低管理频率，最终达到最低限度介入。

对于一天管孩子三五十次的家长，让他们将次数骤降到每天 10 次，是非常困难的。那么，家长应该去掉哪些管理行为、保留哪些管理行为呢？这就要用好前面提到的统计记录，进行小幅度的尝试。假如你一天管孩子50 次，那么，从唠叨等细枝末节开始，先减少 5 次，执行一段时间后，再减少 5 次，就这样循序渐进，最终把每天管孩子的次数降低到 10 次以内，这是一个非常了不起的改变。

举例来说，2019 年国庆节那天，上午我带小侄女看国庆大阅兵，下午带她去看电影，晚上安排她做 3 项作业。看完电影，小侄女非常开心，有些兴奋，回到家难以进入写作业的状态。吃完饭，她跟爷爷一起看电视，后来为了逃避作业，她下载了英语 App。

遇到类似的情况，如果是她妈妈，会非常密集地催促。比如，让她关掉电视能催 5 遍，而且态度越来越不耐烦，还会数落她；看她不写作业，下载英语 App，会去阻拦她，至少能阻拦 3 次；看到她越来越急躁，她妈妈就会给她讲道理、安慰她，陪她一起写作业，各种威逼利诱，这个环节的管理行为肯定超过 10 次；当她哭闹起来，还会劝说、催促、讲道理、数落，整个过程肯定超过 20 次。

那天是我带她，我肯定不会管她这么多次。我要保留哪些管理行为呢？我们不妨先分析一下。电视肯定要关掉，但催促 5 次以上，显然是无用的，徒增孩子的烦躁。所以，我在这个地方匹配了 1 次管理行为。她出现急躁、不耐烦，我过早介入也没有意义，索性让她自己挣扎。如果她能主动写作业，后面的一切管理行为都省略了；但如果她不肯写，就要中断她 App 的下载，让她直接切换到写作业上去。这显然是整个过程中至关重要的一环，无论如何都不能省略，所以，在这个地方我匹配了 1 次管理行为。如果她不肯切换，还可能有后续的拉锯战，我又在这个地方匹配了 1 次管理行为。也就是说，我在预想中，把管理行为控制在 3 次以内。

于是，她跟爷爷看电视，一开始我并没提醒她，等了大约 20 分钟，我看她没有结束的打算，就直接对父亲说："爸爸，关电视。"父亲很明白我的意图，非常配合，马上把电视关了。小侄女看看我的表情和态度，知道没机会看电视了，就去下载 App。我问她："这个假期有英语作业吗？"她倒是很诚实："应该有吧。"很显然，她只是想找个与学习有关的事情转移注意力。于是，我忍耐、等待。

等了近半小时，她还没有去写作业，因为 App 下载不顺利，她很恼火。这时，我决定启动第二次管理。我喊她的名字，非常严肃地说："时间过去了半小时，你只做了一件事情，就是找到了下载密码，不管怎样，先停止下载App，去写作业，语文作业或数学作业，你选一项？"她看着我，缓了一会儿，说："我选语文。"

然后，她依然看着我，我也看着她，又互相看了几秒，我调侃她："看我干啥？等着上菜呢？写作业去。"小侄女"扑哧"笑了，像个小弹簧一样，从沙发上弹起来，跑去写作业了。这个过程耗时将近 1 小时，我管了她 2 次，最终，她高高兴兴去写作业了，后面比较顺利，预计的第 3 次管理没有用上。虽然她开始得比较晚，但因为情绪比较稳定，她完成了 4 项作业，算是超额完成任务。

看着小侄女欢快的背影，母亲悄悄对我说："这也就是你在家，要不，今晚这情况，就别指望她写作业了，非得闹腾一晚上不可。"听上去，小侄女是典型的"看人下菜碟"，为什么会这样呢？这恰恰是最低限度介入的奇妙之处。

我们对比两种管理孩子的方式，如果带着情绪管理孩子 20 次，这个晚上会直接把孩子的情绪拉入低谷，孩子哪里还有心情写作业呢？而且，双方纠缠，矛盾叠加，会破坏亲子关系。而我实际上只管了她 2 次，态度都是中正的，只说了几句话而已，我不仅没有伤害孩子的感觉，甚至还用幽默的方式，快速拉升了孩子的感觉。我想，她能从快哭了的状态，快速切换到写作业的状态，与我的那句玩笑"看我干啥？等着上菜呢？"有莫大的关系，她"扑哧"一笑，快速完成了状态的切换。

另外，最低限度介入还有一个巨大的优点，就是一旦你只匹配给自己 3 次管理额度，每一次都将变得很宝贵，好钢要用到刀刃上，你根本就没有任性、唠叨、不满、责备的机会，不会进入主观的状态，反而会尽量客观、理智，用好每一次管理机会，发掘出孩子合作的态度。

最低限度介入，几乎瓦解了管理作业的错误三件套，消除了家长最爱犯的错，这是孩子最喜欢的方式。在这样的管理氛围中，孩子感到舒服、清爽，有改变自我的空间，有机会发展出自主性。

自控力是未来的通行证
做出选择，执行到位，对自己说话算话

我的一个表弟，学习成绩曾经一塌糊涂，所幸他在初高中衔接的关键时刻忽然觉醒，高中三年奋力拼搏，学习成绩名列前茅，算是典型的逆袭成功的例子。

他在高中毕业时说："跨越了这个难关，以后遇到什么样的挑战我都不怕了。"如今，他已经成长为某集团公司的技术专家，他改进了一项技术，就给公司节省了一亿多元成本。他说，这些年，他把在工作中遇到的所有问题，都做了详细的笔记，回头翻看，自己都感动了，那是他成长的足迹。如今，他所有的下属都敬畏他，他们知道，任何技术上的瑕疵，在他这里都不可能蒙混过关。表弟不仅工作出色，对业余爱好也是全情投入，他打羽毛球

还获得了全市业余组的冠军。

现在回头去看，高中三年的磨炼是表弟的起点，他虽然经历了各种高低起伏，但最终发展出了强大的自控力。这个自控力，是未来的通行证。我相信，每位家长都希望孩子拥有一张这样的通行证。

那么，孩子怎样才能拥有自控力的通行证呢？

明确什么是自控力

所谓自控力，就是自我控制的能力，指一个人对自身的冲动、情感、欲望施加的正确控制。为什么要自我控制呢？因为人的感性和理性通常不同步，如果按照本能，人们通常把不愿意做、难做的事情丢给未来，把轻松、快乐、即时满足的事情留给现在。所以，面对一本枯燥的学术著作和一部搞笑的肥皂剧，理性告诉你，选择学术著作，你的未来会更好；而感性告诉你，看肥皂剧，此刻会轻松又惬意。我们之所以说自控力是未来的通行证，是因为自控力很好地平衡了感性和理性，从本质上解决了现在和未来的冲突。

孩子写作业的态度，本质上也是在处理现在和未来的冲突。理性上，孩子知道应该认真写作业，这样能学会知识，收获成就感，得到老师和家长的认可，并且赢得美好的未来；而感性上，玩耍永远具有强大的吸引力。于是，孩子在感性和理性、现在和未来之间来回挣扎。

没有自控力的孩子，会成为感性的俘虏，更倾向于做即时满足的事情；而有自控力的孩子，能看清现在和未来的关系，能放弃一部分当下的享乐，做出理性的选择，并且执行到位。

给自控力留出空间

那么，如果自控力就是做出选择、执行到位，为什么缺少自控力的孩子那么多呢？

我们必须明白一点：自控力之所以宝贵，是因为它来之不易。年幼的孩子，自控力都非常有限，可以说，自控恰恰都是从不自控开始的。所以，家长怎么对待自控力不足的孩子，就非常关键。

很多家长看到孩子没有自控力会特别着急，一着急，自己就全面接管孩子的事，直接转换到"他控"状态。看上去生活在按部就班地进行，其实孩子对自己的生活失去了掌控感，这已经为孩子的成长埋下了一个巨大的隐患。某一天，家长一松手，孩子就陷入混乱。

理想的做法，是在孩子自控力不足的地方留一个空间，给孩子反复练习的机会。例如，有一段时间我辅导好朋友的孩子学习，这个孩子很磨蹭，畏难情绪重，脾气很不好，总和妈妈吵架。我管理他写作业时发现，写40分钟作业，他能走神七八次，要么发呆，要么摆弄小玩具。

我辅导了这个孩子几天，好朋友说："你脾气可真好，要是我管他，他走神一次我提醒一次，他不听话，我就想骂他，我们娘俩每天就这么鸡飞狗跳地过日子。"

我对这个好朋友说："不是我脾气好。我并不是一边看着他磨蹭着急，一边强忍着不说话，我更愿意透过行为洞察孩子的内心世界。经验告诉我，孩子看上去在摆弄小玩具，其实他的内心也在激烈地挣扎，感性和理性这两个小人儿一直在他的心里打架，关键是看哪个占上风。如果你不被愤怒的情绪淹没，能站在一个客观的角度上，你甚至能看到这两个小人儿的胜负和比分。例如，我看着你家孩子玩了三四分钟，然后提笔写了七八个字，那么这个瞬间，就是理性的小人儿赢了；写完这七八个字，他又摆弄起别的玩具，很显然，他又被感性的小人儿诱惑了。如果你足够客观，就能看到他一次又一次做出决定着手写作业，甚至能感受到他的自控力，仿佛是悬崖峭壁上的种子，在艰难地扎根、成长，看到这个过程，你就不会对他发脾气。当然，如果看到理性的小人儿实在打不赢那个感性的小人儿，我就会出面，轻轻把他拉回来，但是，我绝对不会期望他不再被诱惑，这个期望本身就不科学。"

好朋友说："每次看到他磨蹭我都只顾着生气，哪有心情看他内心的挣扎。"

如果非要对比一下，朋友希望孩子当天就彻底告别磨蹭，而我的目标是他能用十天八天的时间发生 20% 的改变。当然，孩子的反馈常常超过我的期望。和孩子打交道，我会试着给他们更多的空间，不批评、不责备，只在关键时刻施以援手。降低期望，更容易形成良性互动。

其实，这也是我当初对待表弟的态度，因为跟我关系好，姑父就把他托付给我，很多时候，我都看着他这样挣扎。我经常给他鼓励，偶尔才规劝他一两句，经过漫长的努力，他发展出自己的自控力，拿到了这张宝贵的人生通行证。

建立对未来的确定预期

有人可能会问："就算我给孩子空间，他就一定能发展出自控力吗？"还真不一定，这只是条件之一。对孩子而言，对未来是否有确定的预期，是能否发展出自控力的关键。

很多家长经常对孩子说："你赶紧写作业，写完了就痛痛快快地玩，不好吗？"这么显而易见的道理，孩子为什么就不理解呢？这既与孩子无法抗拒当下的诱惑有关，也与他对未来的预期有关。

有些家长说了上面那句话，孩子听进去了，快马加鞭地写完了作业。可家长又会说："不错，今天写得挺快的，不过啊，你看明天语文要考试，我趁这会儿给你听写一遍字词吧。"

像这样的事情，我在咨询中遇到的实在太多了。孩子能有什么办法，只能抱怨家长说话不算话，勉为其难地完成家长安排的任务。然而，这样的小事会带给孩子很深刻的冲击，对他而言，从当下到未来，他没有办法建立一个确定的预期。所以，很多孩子宁愿边写边玩，也不指望写完再玩。

像这样，父母的言而无信会影响孩子的预期；反过来，父母拒绝孩子做某件事而最终孩子还是做了，也同样会影响孩子的预期，例如，你对孩子说，只能玩 20 分钟手机，到了 20 分钟，你忘了或孩子找各种理由拖延，最终，孩子玩了 1 小时。那么，下次你要求孩子"玩 20 分钟手机就去写作业"，他会怎样想呢？他对未来的预期是不确定的，他会想："先答应，多玩一会儿算一会儿。"

所以，如果我们的回应让孩子对未来产生不确定的预期，孩子就会努力争取对自己最有利的结果，就会去防御和争斗，消耗大量的心理能量。如果孩子宝贵的心理能量被用来修改结果而不是达成目标，是非常可惜的。

由此总结，我们对孩子说话算话至关重要，这有助于孩子形成自控力。当然，孩子对自己说话算话，也同样重要。

有位妈妈告诉我，有一天她跟孩子聊天比较愉快，孩子一高兴，就说以后每天要好好写作业，争取考进全班前 5 名。听得出，妈妈很欣慰，难得看到孩子有这么大的决心，憧憬着孩子快速进步。我听完这话，问了一个煞风景的问题："你觉得孩子做到的概率有多高？"这位妈妈沉默了。

孩子有这样的想法当然好，然而，我们要回到客观现实，孩子目前的成绩，在班里排 30 多名，写作业的畏难情绪比较重，经常磨蹭。这种状况下，孩子很难快速跃升到全班前 5 名。一时激动的结果，通常是孩子努力几天，又故态复萌，令妈妈很沮丧；孩子则被严重的挫败感包围，他没有办法对未来建立起积极而又确定的预期，努力几次便索性放弃了。

面对孩子迸发的学习热情，家长在开心之余，要扮演理智的角色，把孩子不切实际的目标降下来，确定一个合理的目标，并且适当监督，辅助孩子达成目标。我们假设，把孩子的目标降为数学成绩提高 10 分。具体做法是让孩子每天做 20 道计算题、3 道应用题、5 道错题本上的题。把孩子的热情转化成一个具体的、可执行的学习计划。孩子每一天的努力，都在成就自己的小目标，积累起对学习的掌控感。

像这样制订一个清晰的计划，做出选择，执行到位，孩子的成绩肯定能提高。当然，在这个过程中，在孩子懈怠时，我们要稍加监督，让孩子坚持下来，这是非常必要的。

自控力并不神秘：做出选择，执行到位。但自控力的形成是一个漫长的过程。就像我表弟一样，到了快上高中时才真正觉醒。这是不是意味着，他虚度了此前的读书时光？我们坚持做对的事情，但也要有足够的耐心给孩子练习自我控制的空间，耐心观察孩子的各种挣扎，看着他一点一点地进步。

同时，我们要让孩子建立对未来的稳定预期，我们对孩子说话算话，也帮助孩子对自己说话算话。想到、说到，就做到，这是最了不起的能力，是一生的通行证。

坚持中蕴含着惊人的力量
更好的感觉，更有深度的认知

舅舅是我们当地很有名的语文老师，连续很多年带毕业班。退休后，很多学校争相聘请他，最忙的时候，他同时给三个学校的学生上课。我曾经多次听人说，舅舅年轻的时候在语文上下过苦功夫，甚至能背诵《成语词典》和《古文观止》。很多古文名篇，他的确张口就来，我非常佩服他。但当时我很疑惑："背诵《成语词典》有什么用呢？"

最近，我在一个音频节目中听到一个观点："如果想提高语文水平，就读《成语词典》，这是最简单、最直接的途径。每天读十几个成语，积少成多，对认字、识词、培养语感，都有很大的帮助。"我这才恍然大悟，原来舅舅在年轻的时候就找到了一条对的路，并且一直坚持。这么多年一路走过来，作为晚辈，我有幸见证了他的坚持精神开花结果。

我想，对大部分人而言，"坚持"这个字眼，让人又爱又恨。坚持，会有好的结果，这毋庸置疑；然而，在坚持的过程中，我们未必都能保持好的感觉，总会遇到很艰辛的时刻，让人产生放弃的念头。

对孩子而言，坚持的过程更是如此。记得我小时候，总是对自己说我一定要好好写作业，不逃避、不走神，把作业迅速写完。这样想着，自己都觉得很激动，然而，每次都被现实打击得垂头丧气，因为没过 20 分钟，懈怠的念头就在心中蠢蠢欲动。

其实，绝大部分孩子都要面对这样的困难和矛盾：想坚持，又坚持不住。那么，我们怎么助孩子一臂之力呢？

培养好的基础感觉

是否开心，状态是否昂扬，做事是否有激情，都属于人的基础感觉。有的人基础感觉好，和别人打招呼总是一脸灿烂，做什么都特别有动力；有的人基础感觉不好，恨不得消极避世，不想说话也不想做事，总是情绪低落，打不起精神。

孩子也是如此，如果孩子的基础感觉不好，整个人没有精神，就更没有坚持精神。不同孩子的坚持精神不同，同一个孩子在不同状态下，其坚持精神也有巨大的差别。

最近，有位家长告诉我，她听了我的课，在陪伴孩子的过程中发现了一件很神奇的事情——她只是减少了部分提醒、催促、数落，孩子就有了明显的变化。每天下午 5 点放学，孩子先看会儿电视，然后吃饭，她稍作提醒，孩子就能在 7 点前去写作业，连续 3 个月了，孩子每天晚上 9 点多就能独立完成作业。最重要的变化是，学校老师反映孩子上课状态好多了，走神儿的次数大大减少，做课堂练习的速度也快多了。

这位家长还说，孩子的责任心和行动力也更强了，以前孩子一写作文就说"困了"，要睡觉，等第二天起床再写，然后第二天又起不来，或是只写了几行就交上去了，结果是老师生气，家长失望。现在他真的很能坚持，有一天晚上写到 11 点，还要坚持把作文写完。

我们从这位妈妈的描述中会发现，孩子不仅坚持独立完成作业，上课的状态也变好了，走神儿次数少了，做练习速度快了，这都说明他的坚持精神在增强。而这样可喜的变化，其实源自妈妈的改变。

我发现，只要亲子关系改善了，孩子的基础感觉变好了，心情愉快了，坚持精神就会自动增强，这是强化孩子坚持精神最不费力的方式；相反，孩子坚持不住时，家长在旁边愤怒地数落、指责，只会让孩子更加泄气，使孩子的坚持精神瞬间崩溃。

增强孩子的坚持精神，固然有许多种方法，但我认为，最有效的方法还是改善亲子关系，改善孩子的基础感觉。这个方法听上去平淡无奇，当你真的做到时，就会像上文提到的那位妈妈一样，很惊喜地发现孩子居然不知不觉拥有了更强的坚持精神。

认知的深度，决定坚持的力量

在我看来，坚持是一种选择。通常，大家都期待得到好的结果，但很多人会对漫长而艰难的过程望而却步。当然，也有人愿意战胜当下的困难，义无反顾地奔向自己的目标。

为什么会有这样的差别呢？我想，虽然大家都期待得到好的结果，但不同的人对结果的认知程度却有很大不同。例如，我们对孩子说"别乱扔垃圾，不卫生"。这样的说法虽然是对的，但这个认知是很浅层的。孩子可能会想："我扔完就走了，卫不卫生，关我什么事？"对这件事，孩子还可以有更深的认知："第一，我希望每个人都能享受整洁、美好的环境；第二，我不想乱扔垃圾导致别人滑倒、摔伤；第三，我不忍心增加环卫工人的工作量；第四，我想做一个有公德心、有素养的人。"我们不妨推测一下，哪种认知程度能让孩子坚持不乱扔垃圾呢？结论是显而易见的。

我们不妨再来看看，在写作业这件事情上，我们传递给孩子的是浅层认知还是深层认知。很多家长觉得作业非常重要，在实际的互动中，最关注的往往是三个点：你有没有写完作业？你有没有认真写作业？你有没有完全把作业做对？如果孩子都做到了，家长就心满意足；如果没做到，家长就如临大敌。其实，只关心孩子作业的完成情况、学习态度和做题的正确率，是对作业最浅层的认知。家长并没有关注写作业本身的价值。为什么要写作业呢？难道孩子消耗了大量的时间，仅仅为了写完作业吗？我们有没有思考过，孩子到底从写作业中收获了什么？

写作业，说到底是为了巩固知识。那么，孩子是否通过写作业与知识建立了深度的连接呢？他能感受到知识的奇妙吗？例如，我们随便说几个词语和诗句，怡然自得、春风得意马蹄疾、淡妆浓抹总相宜……在有的孩子看来，这只是需要书写、记忆、理解的恼人的作业，而在另一些孩子的心里，这种恰到好处的表达需要被欣赏，细细体会触动心灵的美好，他们真正将学习变成了一种享受。

再举个例子。孩子把小数点弄错了位置，有些家长会立刻指责孩子："你怎么这么不认真？你看题了吗？"但是，我们也可以愉快地调侃孩子，把孩子引入对数学的深度认知："孩子，幸亏这就是一道算术题，如果你长大了开公司，要给客户打款 700 万元，你一不小心多写了一个 0，给对方打款 7000 万元，那你该傻眼了吧。"我相信，每个孩子听到这样的话，都会嘿嘿一笑，永久地记住这个调侃，也明白了小数点的位置是多么重要。

有一次，我要给小侄女讲苏轼，如果只是枯燥地讲他是唐宋八大家之一，和他父亲、弟弟并称"三苏"，然后再讲苏轼的词，则很难引起只有 8 岁的她的兴趣。于是，我对她说："从唐代到宋代，总共 600 多年里，要选 8 个古文写得最好的，这名额是相当紧俏吧？谁承想，苏家父子三人就占了 3 个名额，你说气人不气人？我把这 3 个大牛人的名字给你说一遍，爸爸苏洵、哥哥苏轼、弟弟苏辙，每个人都很棒，特别是苏轼，那更是千古大文豪啊。我给你念几句他写的词，哪怕你是小孩，也能听出他写得特别好——老夫聊发少年狂，左牵黄，右擎苍，锦帽貂裘千骑卷平岗……"小侄女的热情瞬间被调动起来，她对苏轼充满了好奇，跟着我背诵了很多首苏轼的词。有时候，看她自己念叨"花褪残红青杏小，燕子飞时，绿水人家绕"，你会觉得，她深深地陶醉在苏轼营造的意境当中。直到现在，她还时不时饶有兴趣地和我聊："你说苏家父子三人怎么都那么厉害？"我有个乐观的推测，以后在任何场合，只要提到苏轼，小侄女都会想起初次了解苏轼的场景。

我对学习有自己的看法。我认为，孩子认真学习，上顶尖的大学，鹏程万里，只是第二理想状态。第一理想状态是孩子热爱学习本身，享受学知识的过程，能够体会学习带来的高峰体验。所以，家长要回归写作业的本质，要关注孩子是否学会了知识，孩子与知识之间是否产生了美好的连接。有了这种连接，有了丰沛而美好的基础感觉，孩子就会很自然地坚持下去。

看见孩子细微的坚持

我经常听家长说："我们家孩子没有坚持精神。"我反问："你确定你家孩子一点儿坚持精神都没有吗？还是没有达到你期待的水准？"这里我要特别提醒，一点儿坚持精神都没有，和有百分百的坚持精神，都是极小概率的事件。对大部分孩子来说，是家长没有看见他们的坚持精神，并不意味着他们没有坚持过，只是他们的坚持没达到家长期待的水准而已。

如果家长因为看不见孩子的坚持，批评孩子没有坚持精神，孩子暗自挣扎的艰难就被全部抹杀了，可以说相当于在孩子最脆弱的时刻，给了孩子当头一棒。然后，孩子就如家长"预言"的那般，真的没有坚持精神了。相反，如果肯定孩子的坚持，看见他的努力，孩子在这样的时刻每多坚持一会儿，他的坚持精神都在增长。

有的家长说："那么细微的坚持，谁看得见？"有个最直接的办法，就是家长自己找一件事情去坚持，比如，我曾经建议家长写简写版的亲子日志，每天 500 字，记录与孩子互动的要点。然而，很多家长都半途而废了。你不妨试试，每天坚持做一件事情，通过这种方法，你既能体会到自己内心的感觉，也能反观自己的外在表现，然后你就会发现，一个简单的坚持背后，隐藏着多少挣扎和自律。这样与孩子同频，更能理解孩子的处境。

我们来总结一下，要想让孩子有坚持精神，先要培养孩子好的基础感觉，营造良好的亲子关系，引导孩子有更深层的认知，同时，要看到孩子细微的坚持，并给出正反馈。当然，榜样的力量是无穷的，我们还可以与孩子一起坚持，加深对彼此的理解，互相鼓励。这些思路和方法都不高深，但是你会发现，这个培养的过程靠的是耐心。也就是说，培养孩子坚持精神的过程，特别需要家长有坚持精神。

亲子时间表如何同步
愉快地告知，补上统筹安排这一课

家长常常对孩子说"你抓紧时间"，并觉得这句话已经说得很明白了，而孩子的困惑往往在于怎样才能"抓紧"？

对于孩子每个晚上要完成的作业，家长心中都有一个清晰的时间表：通常是回家玩一会儿，马上开始写作业，把各科作业的顺序安排好，写的时候别走神，累了就休息一会儿，到晚上八九点，利落地把作业全部完成。

然而，孩子心中未必有这么清晰的时间表。有的孩子大致想一下时间安排；有的孩子过一分钟算一分钟，拖拖拉拉，最终写完作业都快夜里 11 点了。

说到底，写作业问题之所以如此棘手，是家长的时间表和孩子的时间表不同步。下面我们就来探究一下，双方的时间表为什么会不同步。

家长的时间表没有外显

对 0 ～ 6 岁的孩子的生活安排，尽管每天家长心中都有一个相对清晰的时间表，但大部分家长因为觉得孩子小，或者嫌麻烦，没有把这个时间表外显给孩子，让双方保持步伐一致。大多时候，是家长按照自己心中的时间表拖着孩子走。

例如，妈妈在上午 9:30 对孩子说："穿衣服，带你去爷爷家。"下午 2:30，又喊孩子："穿衣服，我们要去上早教课。"上完早教课，孩子想在教室玩一会儿，妈妈催孩子："赶紧穿衣服，晚上刘阿姨请咱们吃饭。"吃完饭，又催孩子："赶紧穿衣服，我带你去商场买双鞋。"这天要做什么，妈妈的计划非常清晰："上午带孩子去爷爷家，下午上早教课，晚上和刘阿姨吃晚饭，晚饭后去商场买双鞋。"且这个计划，在前一天就安排好了，但孩子不知道。孩子像个木偶一样，被动地接受摆布，心中一片混沌。所以，妈妈一次次催着他穿衣服，他会感到莫名其妙，他的时间表上根本没有这些安排。他自己本能的安排可能是：

"我要一直玩积木，玩到我不想玩为止。"所以，孩子只感觉到被打断、被干扰，对大人的安排一无所知。

我们来设想一下，如果家长在当天早晨清晰地告知孩子："今天有4件事情，上午9:30去爷爷家，下午2:30去上早教课，晚上和刘阿姨吃晚饭，晚饭后我带你去买一双鞋。"那么，孩子的时间表上就多了4个节点，他对今天要发生的事情会有一个基本的预期。

这就是时间管理的雏形：在一个时间段内，按照先后顺序排列好几件事情。接下来，孩子的体验非常重要，他逐一体验了时间轴上的4个节点，对时间就有了一个基本的觉察。而且，对孩子来说，他还会发现这一整天并不是只有这4个节点，在这4个节点之间，他还做了很多事情，比如和爷爷捉迷藏、看动画片、到小区里闲逛、在早教班的楼下买零食、去看店家养的鹦鹉等。

孩子要在日常生活中反复体会自己心中的时间表与具体事件的对应关系。千万别小看了这种对应，对家长来说，这是显而易见的；但对孩子来说，并没那么容易觉察。一方面，人们心中的时间表是抽象的，而事情是具体的；另一方面，具体事情的安排经常会被临时更改。这对孩子的理解能力是个很大的挑战，如果一个孩子在6岁以前能清晰地理顺二者的关系，并且对时间的长度和每件事情需要的时间都有具体的感知，是非常了不起的。这也是孩子未来能按部就班写作业的基础能力。

批评责备，心理时间被拉长

如果孩子在 6 岁以前没有经过充分的体验和练习，并在心中形成清晰的时间表，到读小学的时候，你就会发现他的时间安排常常一片混乱。家长非常不能理解，这么简单的几件事情，都和孩子说了，孩子怎么就安排不明白呢？

因此家长会反复批评责备孩子，而孩子却一头雾水，他不知道如何改变。

这时候，孩子的心理时间很容易发生扭曲。

我们先简单说一下时间的分类。一般来说，时间可以分为自然时间和心理时间，自然时间的核心是钟表时间，是客观的；心理时间的核心则是体验时间，是主观的。自然时间和心理时间并非总是重合，爱因斯坦那个著名的笑话恰好说明了这一点："如果你在一个漂亮的姑娘身旁坐 1 小时，你只觉得坐了片刻；反之，如果你坐在了一个热火炉上，片刻就像 1 小时。"对孩子来说也是如此，如果让孩子看他喜欢的动画片，2 小时他都觉得很短；如果让他做不喜欢的作业，半小时他都觉得时间很长。自然时间和心理时间的冲突，相信很多人都体验过。在孩子写作业时，父母的批评责备，给孩子带来了强烈的消极体验，于是，孩子的心理时间就被拉长了，这会导致他更加不愿意写作业。

心理时间被拉长，随之而来的是厌倦和排斥。有位妈妈一直有这样的苦恼：孩子不愿意写作业，磨磨蹭蹭，尤其不愿意订正错题，一说到订正，马上就露出一副萎靡不振的样子。更让妈妈气恼的是，一道数学题，给孩子讲了三五遍，孩子还是做错。是孩子笨吗？并不是。这是因为围绕作业和订正，双方发生过无数次激烈的冲突，导致孩子的心理时间被严重拉长。孩子的心根本就不想靠近那些需要订正的题目，实在被逼无奈，他就蜻蜓点水地看一眼，胡乱写个答案，怎么可能有改进呢？

由此推论，如果想让孩子的时间表和家长的时间表一致，就要缩短孩子的心理时间。怎么缩短呢？答案很明显，既然心理时间与体验密切相关——消极的体验会拉长心理时间，积极的体验会缩短心理时间——父母老师都要有意识地让孩子获得积极体验。

在这方面，我的一位小学语文老师就非常擅长。这位语文老师风趣幽默，知识面很广，而且特别有分寸感。学生回答问题，无论对错，无论答案多离谱，他都能接得住，还能不露痕迹地给学生台阶，绝不让学生难堪。正因为这样，在他的课上我们安全感十足，抢着回答问题，常常急得站起来，把胳膊举得高高的并大声说："老师叫我，老师叫我。"现在想起来，我都觉得很神奇，语文课堂的气氛像拍卖现场一样热烈。当年我们一节课 45 分钟，但感觉语文课像 20 分钟一样短，所以每次下课，全班同学都意犹未尽，悄悄地叹口气："啊，怎么又下课了？"这位语文老师成功地把小学生的心理时间缩短了一半。

语文老师更成功的地方在于，知识的输送效率高得登峰造极。我也是在很多年之后才意识到，他教给我的东西，想忘都忘不掉。到现在我仍然清晰地记得，当年他解释"委屈"这个词时讲的例子，甚至还记得他当时的手势和神情。如今，有很多词汇，我看到它们的一瞬间，就能回忆起第一次接触它们是在这位小学语文老师的课上。

这难道是我的记忆力格外好吗？显然不是，当年的其他课程，在我的记忆中早已一片模糊。我想，是这位语文老师给了我们安全感，让我们可以自由地犯错，并一直给我们赞赏与支持。他让我们真切地感到，一个孩子可以在课堂上绽放出如此美妙的光彩。当孩子的心理时间大大缩短，孩子内心的激情之门完全敞开时，无论做什么、学什么，都是轻松愉快的。

缺少统筹安排这一课

如果孩子没有学会清晰地安排自己的时间，就要从现在起循序渐进地给孩子补上统筹安排这一课。补上这一课的关键在于，要先找到关键要素，最终形成路线图。具体到作业的统筹安排，我认为有 6 个要素无法回避，分别是任务、难度、速度、时间、压力和耐力。

如果我们想教会孩子安排时间，我们自己心中就要先有清晰的方案。不妨以孩子某一天的作业为例，请家长综合考虑这 6 个要素："孩子有多少作业；作业难度有多大；根据孩子的速度，大约多久能写完；以孩子的耐力来判断，写多少他可能出现懈怠等。"需要特别提醒的是，这个方案要基于孩子的客观情况，而不是按照家长的主观目标来确定。

家长以此为基础，再对照孩子安排的时间，就会发现很多问题。

有一次，我的小侄女要背诵一大段课文，她背了一会儿，找我来检查，我发现有 9 处错误。我问："接下来怎么办？"她说"继续背。"我快速地判断了一下，她对背诵这篇课文的时间、难度和自己的耐力都没有清晰的认识，让她继续背诵课文极有可能出现的状况是仍会有几处错误，她感到不耐烦就不想背了。所以，我问她："你打算怎么背？出声还是不出声，背几遍？"她想了想说："我默读 3 遍。"我说好。

过了一会儿，她又来找我检查，这次错了 3 处。我说不错，2/3 的错误都不见了。我问她接下来怎么办，这回她直接回答："默读 2 遍。"我点头。过了一会儿，她又找我检查，这次只错了 1 处。她主动说："我再读 1 遍。"果然，这次之后，她全会背了。最后我对她说："如果你不想明天检查时出错，建议再读 2 遍。"她很愉快地接受了。第二天，她主动找我背诵，依然很流畅。她非常有成就感。从此以后，她把背课文当成了游戏，让我当她的背课文经纪人。我相信，经历了这个过程，我的小侄女对背课文就能有清晰的安排了。

我们来总结一下，如果想让孩子的时间表与我们的时间表同步，那么，我们要做出示范，给出指导，最关键的一点，就是要缩短孩子的心理时间，要让孩子感到愉快、兴奋、激动，打开他们内心的激情之门。像我的小侄女背课文，方法固然重要，但更重要的是，我们相处得很愉快，这缩短了她的心理时间。

好监督，坏监督
关键看是否做出积极的新选择

"监督"这个词，听上去就不讨喜，以现在的育儿观念看来，有强迫、控制孩子的嫌疑。然而，遇到孩子不愿意写作业的状况，监督，就成了一个无法回避的话题。

在我看来，监督分为好监督和坏监督。好监督，就是亲子双方能达成共识，实现目标，而且能让孩子产生好的感觉，并强化孩子的自主性，最终家长能自然地放手；与此相对，坏监督不仅是无效的，还容易造成亲子对抗，破坏孩子的感觉，伤害孩子的自主性，最终导致家长无法放手。也就是说，有的监督，是雪中送炭；有的监督，是雪上加霜。

我经常管理亲戚朋友家的孩子写作业，也曾遇到过非常难缠的孩子。

有个亲戚家的孩子，因为父母离婚，家人无暇对他进行有效的管理和约束，让他逐渐形成了桀骜不驯的性格。他在学校频繁违反纪律，作业一点儿都不肯写，老师家长都无可奈何。一年寒假，他爸爸把他带到我家，希望我帮忙管理他写作业。

这个孩子来到我家，发生了一件让我印象深刻的小事。他总是在房间里用玩具枪打塑料子弹，这非常危险。像这样的事情，大多数孩子，我阻止三五次他们就不再做了。而这个孩子，我阻止了他大约 50 次，他才肯做出改变。通过这件事情，我能理解老师和家长管理他时有多么困难。

接下来，他就开始霸占我家的遥控器，电视成了他一个人的。我想，管理他写作业，必须让他对看电视有所克制。然而，直接让他少看电视，肯定行不通。我就反其道而行之，对我父亲说："不要跟孩子抢电视看，我们要安排专门的少儿时间，每天晚上 5:00 ~ 6:00，无论你看什么，都要把遥控器让给孩子，不能跟孩子抢。"父亲明白我的意图，满口答应。然后，在少儿时间之外，我给其他家人也约定了看电视的大概时间。每天下午 5 点，我准时帮这个孩子要遥控器，6 点左右，看完动画片，我准时收遥控器，拿给我父亲。就这样，看电视的问题解决了。

看电视的问题解决得差不多了，开始进入正题。这时，我面临一个问题，以这个孩子的个性，被要求写作业时，他的情绪一定会很激烈，我一定要保证不被他激怒。所以，我预判了一下，让他写作业，他可能会把我的话当耳旁风，转身就出去玩；或者说各种难听的话，言辞激烈；还可能消极怠工、耗时间。预设了这几种可能的情形后，这天上午，我把他带到一个单独的房间，直截了当地告诉他："你爸爸把你托付给我，让我监督你写作业。我对你要求也不高，一个上午写 6 道题就可以，遇到不会做的题可以问我。"说这些话的时候，我做了个动作，就是倚在门上，防止他夺门而出。

接下来，我发现我的预判十分准确，他先是发牢骚说"不要你管，我不想写"，然后真的要夺门而出，还好我有防备。我很严肃地告诉他，今天作业必须写，你如果出去，就让爸爸来管你写作业。我想，他大约是担心爸爸粗暴地对待他，于是又退回来，但还是不想写，就在那里拍桌子、发牢骚，恨恨地用铅笔扎作业本，本子上被他扎出密密麻麻的小孔。我只是冷静地看着他，淡淡地说："今天完不成这 6 道题，你别想出去玩。"

僵持的时间非常长，我时刻提醒自己，不要和他动怒。渐渐地，他的情绪平复了一些，我问他："有不会做的吗？"他没好气地回答我说："都不会！"我依然不生气，但我知道，在这种状况下，给他讲题，他也没心思听。于是，我继续冷静地看着他，心里俏皮地想："我就不信，你今天能逃出我的手心。"

这样耗了大约一个半小时，他看我既不放他，又不刺激他，慢慢回归理智，开始做题。当然，他的书写和做题质量我真是不敢恭维，但我没有跟他纠缠这些细节，第一天他肯写完，就是巨大的进步。之后，我不带任何情绪，认真地帮他订正了一下，还鼓励他说："你写得不错嘛，你看，稍微讲一讲，你全都会做。"

到了第三天，他的学习态度已经大为改观。他只是稍微抗拒了一下，就开始写作业。孩子的爸爸看他安静地写作业，笑得格外灿烂，在孩子的身后朝我竖起大拇指。事后他告诉我，没有第二个人能让他这样写作业。

我讲这个故事，并非炫耀我有多厉害，而是呈现一个事实：像这样的孩子，身上依然隐藏着快速改变的可能。

好监督改变了什么

我们不妨分析一下，一个看上去无药可救的孩子，为什么会发生这样的转变？我对他的监督，到底改变了什么？

这个孩子写作业的意愿几乎为零。而我的监督，是希望他在写作业这件事情上，做出新的选择，也就是主动写作业。让这个孩子做出这样的选择，难度系数非常高。

所以，我监督他，他最初的表现是激烈地反抗。一个半小时的僵持，非常考验管理者的耐力和定力。这个时候不被他激怒，沉着冷静地回应他是关键。

我给他的任务是一个上午完成 6 道题，且我选择的是简单的和中等难度的题目，没有选择难度高的题目。考虑到此前他一点儿作业都不肯写，所以不能指望他像其他孩子一样，一个上午写几十道题。这个时候，不贪心是非常关键的要素，也是我反复强调的客观。对这个孩子而言，开始写作业，几道题的量刚刚好，是他努力一下就能达成的目标。

即使与这个孩子僵持了一个半小时，我也没有激惹他，等他情绪发泄得差不多时，理智就回归了，这时候，他就要做出选择：写作业还是不写？不写吧，所有的办法都用尽了，也没什么用，看样子逃不出去；写吧，还是不太情愿，不过，就 6 道题，看上去也不太难。这样挣扎一会儿，他就倾向于做出"写"这个选择。

接下来，他很快就写完了这 6 道题，我马上热情地肯定他。这时候，他获得了一个全新的体验：原来写作业也没有想象中那么难。我要是没猜错，说不定他还有点儿后悔："我还不如早点儿动笔写，早点儿出去玩呢，闹腾一个多小时，还不是浪费了玩的时间。"这个全新的体验实在太宝贵了，加固了他做出新的选择。

所以，到了第三天，虽然他仍有点儿不情愿，但没有激烈地反抗。也就是说，在写和不写之间，他更倾向于选择前者。这才是监督的真正意义所在，监督让他做出了新的选择，并且形成了一个良性循环，写完作业的成就感进一步强化了写作业这个选项。最终，这形成了一条全新的、积极的选择通道，于是，我的角色淡化，渐渐退出了监督。

坏监督错在了哪里

在咨询中，家长常常对我说，监督孩子写作业实在太难了，他们经常会败下阵来，都有心理阴影了。我们结合前面的例子来分析一下，为什么带着良好的意愿去监督，却没有得到正向的效果呢？

我们先看看孩子在发泄情绪时家长是如何回应的。通常，家长会不停地劝说，给孩子讲道理，和孩子纠缠在一起，互相辩论。家长越说越气，和孩子吵起来。如果遇到我亲戚家这样激烈反抗的孩子，很多家长会气不过，甚至动手打孩子，监督就变成了亲子对战。

我们再来看看家长对孩子的要求。家长常常因为急躁而变得贪心："你都多少天没写作业了，你同学都写完半本了，今天你至少得写8页才能赶上进度。"孩子一听，什么？写8页？少说也有100道题，那我不写了。你看，任务量太大，很容易导致孩子直接放弃。

看到孩子如此不配合，家长通常都会非常气愤，和孩子较劲，于是发生亲子冲突。孩子心中的选择题不再是"写作业"还是"不写作业"，而是变成了"听你的"还是"不听你的"。我们一定要注意，在这个时候，因为家长情绪的卷入，使事情的主题发生了偏离，变成了"对人不对事"，孩子的选择肯定是激烈地对抗："我就不听你的，你能把我怎样？"

通常，亲子双方对抗到这种程度，家长难免情绪失控，结局往往是两败俱伤。最可怕的是，这个监督过程给孩子带来的是极其糟糕的体验，让孩子的感受更加消极。最终，把孩子推入了厌烦的通道：更加厌烦作业，也更加厌烦父母。这样的监督，就是典型的坏监督，不仅无效，还容易造成亲子对抗，破坏孩子的感觉，伤害孩子的自主性，导致家长无法放手。

教育能力需要练习

也许有的家长会说："好监督就是'不生气、给孩子合理的选项、促使孩子做出积极的选择'，这个道理我明白，我也认同，然而，我就是做不到。就算我努力做到，孩子也不配合。"

其实，好监督至少涉及 3 种不同的能力，分别是情绪能力、判断能力和应变能力，如果你做不到，或者孩子不配合，说明这 3 方面的能力有缺失。关于情绪能力，前文已经多有论述。至于判断能力，它需要家长对孩子进行连续观察，才能找到双方都能接受的选项。通常，家长给孩子的监督选项要求过高，导致很难达成目标。

我们重点说一下应变能力。像我亲戚家的这个孩子，曾经激烈地反抗，在一个半小时的僵持过程中，他的情绪随时可能被点燃。遇到这样的情况怎么办呢？家长可以从自己现实的应变能力出发，哪怕监督失败了也没关系，要把这个过程作为一个案例，反复思考、钻研，也可以请教他人，找到一条能走得通的路，作为自己的备用策略。下次遇到类似的情境，看自己的应对策略有哪些进步，有哪些不足，事后继续反思、钻研，优化策略。我自己的应变能力，也是通过这样的反复练习得来的。有时候，因为一句话没应对好，我能连续复盘好几天，直到找出满意的策略。

我们来总结一下。监督的三要素：不生气、给孩子合理的选项、促使孩子做出积极的选择。这些要素的背后都有一个我们反复强调的关键点，就是要客观。家长监督孩子时，不要期望他欣然接受，他生气、对抗、闹情绪，都是客观的可能，是我们必须接受的。孩子当下的能力边界也是客观的，你提的要求过高，他肯定会抗拒；而敦促孩子做出积极选择的过程，也难免状况百出，孩子出招，从来不考虑你能不能接得住。我们没有理由责备、抱怨，唯有接纳，唯有面对。保持客观是一种宝贵的能力，对做到"好监督"尤为重要。

第 **5** 章

给孩子加满油

将写作业问题一眼看到底
找到自己教育中的"死穴"

我看到一篇财经文章，说某个互联网企业家具有"一眼看到底"的能力。对于一件事，他头脑里出现的不是某个片段，而是具体实现的整个过程。比如，一个创业者贴出一个小程序的二维码，他试用了一下，马上指出容易出问题的地方。

我非常受触动。是啊，一眼看到底，能节省大量的时间和精力，减少试错成本。不只是企业，教育孩子也非常需要这样的能力。在教育孩子的过程中，如果看不准问题所在，就会在孩子身上反复试错。我见过无数这样的场景，就某个问题，家长跟孩子折腾了好几个月，双方都精疲力竭，最后家长反思，认识到是自己太着急了，孩子的能力还没达到这样的水准。在写作业问题上，这种现象尤为普遍。家长经常说："我知道自己唠叨、贴身侵犯、信用额度不高，快给我一个解决方案，我立即行动。"

但是，解决写作业问题是一个系统工程，这就好比要建造一座摩天大楼，首先要做的肯定不是动工，而是前期的准备，包括选址、立项、设计等。这是一个反复论证的过程，也是一个谨慎的决策过程。

然而，家长却经常先动工、后立项，根本没有经过谨慎的决策过程，往往只是做了一个简单的反向推论，就以为自己想出办法了。比如，孩子磨蹭，就催着他快点；孩子基础不扎实，就加作业，让孩子多练习；孩子不肯做，就给他讲道理……这些做法，实际上根本推不动孩子，许多家长对此都有亲身体会，也非常有挫败感。

这正是因为家长缺少一眼看到底的能力，没有找到写作业问题的真正症结，把表象当原因了。你会发现，家长描述起孩子的写作业问题，常用的词汇就那么几个：磨蹭、走神儿、马虎、态度不端正、没有时间观念、情绪急躁。看上去，每个孩子都有同样的问题，然而，家长的性格和成长经历不同，每个孩子的个性特点也不同，写作业问题的真正症结，自然也各不相同。下面我们以一个家长的改变过程为例，来说说怎样才能一眼看到底，找到自家孩子写作业问题的真正症结。

在互动中找问题

我发现，在理智上，家长觉得孩子出问题肯定与自己的教育方法有紧密的关系，而在分析具体的问题时，又很容易把责任推到孩子身上去。

例如，有位妈妈周五带孩子玩，很晚才回到家，孩子说："妈妈你给我读书吧，你之前说好的，每天都给我读书。"妈妈说："今天太晚了，不读了吧。"孩子也同意了。到了周六晚上，孩子说："妈妈，你先给我读一个故事，一会儿我再自己看一个。"妈妈刚给孩子读完故事，爸爸走到孩子的房间说："很晚了，睡觉吧。"孩子听了就钻进被窝里。妈妈说："你准备睡了吗？书还没看呢，那你明天上午补上吧。"孩子说："我不。"妈妈说："你怎么能说话不算话呢？"孩子说："我就说话不算话。"妈妈火了，声音很大："你再说一遍，以后没人信你说的话。"孩子说："那我不许诺不就行了。"妈妈说："那我也说话不算话，明天不给你读书了。"孩子说："我到底听谁的呀，爸爸让我睡觉，你让我读书。"

这位妈妈给我讲了事情的过程，她觉得孩子很不可理喻，自己明明态度很好，也没有逼迫孩子当天一定要把书读完，孩子却一直顶嘴，太气人了。

我对这位妈妈说，教育行为是否存在问题，不能凭自己的一面之词，而要看两个信号，一个是在互动中自己是否舒服，另一个是孩子给了我们怎样的反馈。在这件事情中，妈妈很生气，显然是不舒服的；孩子则以激烈的对抗作为反馈。这时，家长不能用非常主观的理由，把责任一股脑儿推到孩子身上。

我们不妨来看一下。周五，孩子让妈妈读书，妈妈不读，这算不算不守承诺呢？另外，周六晚上爸爸提醒时间晚了，孩子听了爸爸的话才钻被窝的，没有明显的错误。而孩子是从什么节点开始激烈地和妈妈对抗的呢？是妈妈想当然地安排"那你明天上午补上吧"。最后，也是妈妈首先升级冲突，指责孩子说话不算话，对孩子发火、放狠话。也就是说，在孩子没有明显错误的前提下，妈妈不征求孩子的意见就做出安排，遭到拒绝后一味指责孩子。

在这个互动中，妈妈要承担大部分责任。这正是需要妈妈做出改变的地方。我们来做个假设：周五晚上妈妈虽然回家晚了，但如果尊重孩子的意愿，按事先约定给孩子读书也有利于孩子养成好的阅读习惯；而在爸爸让孩子睡觉的时候，如果妈妈征求一下孩子的意见："你的故事还没看呢？你打算什么时候看？"当两人争吵时，妈妈也可以率先叫停，比如："不看就不看吧，还说得挺干脆，那你自己安排个时间看吧。"

在上述事件中，如果妈妈意识到自己想当然地给孩子做了安排，孩子感觉不舒服才生硬地抗拒，事情的走向就完全不同了。

家长想做出改变，最理想的状态，是具备把问题"一眼看到底"的能力。如果不具备这样的能力，就要从自己的感觉和孩子的反馈中找到观察和反思的关键点。

看清写作业问题的来龙去脉

家长经常指责孩子："你再坚持一会儿就不行吗？你就不能打起精神吗？"这些指责背后的潜台词是："我对你的要求也不高啊。"但我们不妨再追问一句：孩子为什么就做不到呢？是什么因素在影响他？你会发现，沿着这个思路追根溯源，弄清作业问题的来龙去脉并不容易。

例如，有位家长说，咨询后孩子改变很大，现在她和孩子很少吵架了，但是，孩子没有彻底改变，她觉得孩子虽然能写完作业，但缺少那种生龙活虎的劲头，时常无精打采，敷衍了事，字迹潦草。她总觉得孩子离自己为他设定的目标只有一步之遥，却很难达到。她认为应该加强监督，对孩子的要求再提高一点儿，他肯定就能做到了。

然而，现实并非如此。像这样的情况，就要去追根溯源：孩子为什么会无精打采呢？有一次，这位妈妈给我发了一段音频，我发现，这位妈妈除了唠叨，还有一个很大的问题。孩子说的话，如果是她关心的，比如学习方面，她就立刻回应；但如果是她不关心的，就会把孩子的话忽略掉。并且，这位妈妈平时说话语调很平，语速很快，孩子在与妈妈的互动中，很难捕捉到妈妈情绪变化的信号，也不容易抓住谈话的重点，状态就很容易低落。

这位妈妈为什么会有这样的互动风格呢？因为她特别容易进入二元对立的头脑模式，遇到事情的第一时间，就会用对错好坏对事情进行高度概括和判断，然后就会把自己困在这个判断中。例如，她看到孩子写作业不认真，就觉得孩子是错的，太不应该了，别人家的孩子多自觉。她会陷入这一判断，越想越气恼，也就很难积极、愉快地回应孩子了。

如果继续追问，这位妈妈为什么有如此强大的二元对立的头脑模式？为什么每件事情都用对错好坏去判断？这就要追溯到她自己的童年。她小时候家庭条件不好，她的妈妈总是抱怨，抱怨的主旨基本上就是事情的对错好坏，觉得自己是生活的受害者。她当时年龄尚小，一心想改变家里的状况，却无从着手。她活在非常沉重、非常压抑的状态中，过早地与一个孩子应有的丰沛而又细腻的感觉告别，陷入了二元对立的头脑模式。

你看，看清写作业问题的来龙去脉，也许连家长都会惊讶，自己和孩子作业问题的纠缠，竟然与自己的童年经历有千丝万缕的关系。有很多家长没有真正跨过自己成长之路上的沟沟坎坎，而这往往成了他们与孩子相处，特别是应对孩子写作业的问题中，一个无法回避的障碍。

找到自己教育孩子问题上的"死穴"

在写作业问题上，家长如果不是总盯着表象，而是去追根溯源，寻找事情的来龙去脉，往往就能找到自己在教育孩子上的"死穴"。所谓"死穴"，指的是自己经常意识不到，又偏偏是自己最深层的问题，最大的障碍和困境。例如前文提到的那位妈妈，她童年的经历让她经常陷入二元对立的头脑模式，总是用对错好坏去评判事情，忍不住对孩子发火，就是她在教育孩子问题上的"死穴"。因此，我反复提醒她，不要总跟孩子的表现纠缠，而是要从源头改变自己，突破二元对立的头脑模式，学会去感觉孩子，给孩子积极热情的回应，减少对孩子的气恼，才是终极的解决之道。

怎样才能突破二元对立的头脑模式呢？首先是觉察，其次是及时改变。我提醒这位妈妈，让她先感受一下自己开始气恼的瞬间是怎样的感觉，今后就要注意这种感觉，不要等到怒火中烧才意识到自己又进入这种模式了，而要见微知著，提醒自己及时改变。这时候的改变，效率是最高的。

例如，这位妈妈说，暑假时孩子总是看电视，她每天都要三番五次地催孩子写作业，孩子要么谈条件、找借口，要么干脆不写。妈妈又想起数学老师说孩子的复习质量不高，作业写得特别敷衍。看到孩子大部分时间都被电视和手机占用，给他买的数学读物也没看几本，妈妈对这一切都感到很气恼。

读一遍这位妈妈的描述，你会感觉到，沿着妈妈的感觉通道，气恼情绪一直向上冲。这时候，我们不妨换到旁观者的视角，看看到底是怎样的情况。就是孩子更愿意看电视，不想写作业。那些所谓的谈条件、找借口，其实都是不想写作业的连锁反应而已，没什么可气恼的。要看清问题的本质，就要抛开对错、应不应该，去弄清孩子不想写作业的原因是什么，怎样才能让他愿意写。用平和的心

态去探究原因、寻找解决方案，也就突破了二元对立的头
脑模式。

家长把写作业问题一眼看到底时，会发现这种极度的
理智中蕴藏着一种简洁的清爽和美好。

每个改变计划都独一无二
提简洁适度的要求，预测难点和情绪爆发点

曾经有热心的朋友给我出主意："你这样一对一做咨询，社会效益和经济效益都太低了。你看，每家问题都差不多，你就总结出几个大的原则和方法，然后培训你的员工，让他们去执行，你负责把关，这样效率多高呀。"是啊，如果解决方案能批量生产，我也乐得轻松，然而，现实不允许我这样做。因为，在咨询当中没有两个完全相同的解决方案，分寸的拿捏，才是最关键的。咨询的效果，就隐藏在这些微妙的差异中。

我最擅长的是解决实际问题，在咨询中，了解了家庭的具体情况后，我就可以快速给出解决问题的思路，而且在后续的咨询中，家长常常觉得很惊奇，说我在咨询之初

抓的问题太准了，沿着我提供的思路去解决问题，真能看到神奇的改变。

那么，我是怎么根据不同的家庭情况，找出合适的解决写作业问题的改进计划的呢？我会把制订改变计划分为三个阶段。

第一，改善写作业问题的土壤；第二，对孩子提简洁适度的要求；第三，预测难点和情绪爆发点，确保整个计划行得通。

所谓的"作业问题的土壤"，指的是亲子关系的质量，以及围绕写作业问题产生的情绪和感觉。也就是说，想解决孩子写作业的问题，就要先改变亲子双方鸡飞狗跳、剑拔弩张的状态，让亲子关系回到平和甚至愉快的状态。当然，这个改变说起来很轻巧，真正行动起来却如同攀登一座陡峭的山峰，要面对很多挑战。

只有改善了写作业问题的土壤，亲子双方情绪回到平和状态，才能进入改变计划的核心阶段，即对孩子提简洁适度的要求。大家一定要注意"简洁适度"这 4 个字，在这个阶段家长一定不能贪心，并且，家长提的要求既要准又要少，才符合前面讲的"最低限度介入"的原则。只有这样做，才能既有效果，又不会破坏写作业问题的土壤，避免双方再进入鸡飞狗跳的状态。

前两个阶段看上去难度不大，却还有很关键的一点，就是根据自己家的情况，特别是亲子双方的个性和行为方式来预测：改变能否实行？孩子在什么环节会抗拒？家长在什么环节容易情绪爆发？我在咨询中发现，很多家长在这些地方会陷入困顿，觉得无能为力，会自欺欺人，假装看不见这些可能性，走一步看一步。这样的做法实际上是心怀侥幸，在孩子身上试错。如果对计划中的难点和情绪爆发点没有准备好应对的策略，那么，宁可按兵不动，晚一点儿执行这个改变计划，也不要胡乱地折腾孩子，以免两败俱伤。

也许大家注意到了，这个独一无二的改进计划，重心是放在家长身上的，家长要先改变自己，再改变孩子。我常常对家长们说："孩子的改变快着呢，你之所以觉得孩子很难改变，是因为你自己没改变。"事实也证明了这一点，曾经有家长感叹："平和真的是有魔力呀，我才改变了一点点，孩子就有了巨大的改变。"

我在咨询中曾遇到一个 8 岁的女孩，读小学三年级。她的父母对她的描述是："写作业磨蹭、不认真，刚给她讲完加括号，明明是（60–12）÷8，她瞬间就忘了加括号，写成 60–12÷8。"她的妈妈性格暴躁，面对这样的小事，也会立刻火冒三丈，忍不住打骂孩子。不难想象，这对母女的日常相处肯定火药味十足。此外，这个女孩经常和奶奶顶嘴，说很难听的话，还总和弟弟吵架，动手打弟弟，和同学关系也不好。还有一点让她的父母很崩溃，就是这个女孩常常为小事纠缠，不依不饶，甚至大哭大闹。

听上去，女孩问题很多，对所有人都不友好。但教育最忌讳根据表象评判孩子。我们来推测一下，孩子写作业时少加了一个括号，妈妈就大发脾气、打骂孩子，平时一家人又是怎么对待孩子的？这条线索极为重要。我详细询问后发现，全家人都经常数落这个孩子，奶奶数落得尤其多，所以她会和奶奶顶嘴。全家人又总是偏袒弟弟，每次她和弟弟发生争执，家长都会批评她。由此可见，问题的关键是全家人都要改变对待这个孩子的态度。至于写作业的磨蹭和不认真，先不作为重点。

于是，我给出的解决问题的思路是：第一，调整亲子关系，不要总是用语言攻击孩子；第二，处理姐弟间的冲突时要公平、公正，不要偏袒弟弟；第三，降低管理孩子写作业的频率；第四，有针对性地肯定孩子；第五，休息时间多陪孩子玩耍。

这个改变计划看上去平淡无奇，然而，第二次咨询时，家长就反馈说孩子有了明显的变化。两次咨询间隔了一个月，孩子的爸爸妈妈按照我说的思路调整了自己的教育行为，发现孩子开始有了主动意识，有时候写作业不需要妈妈在旁边，自己安排得也不错，还对妈妈说："我要自立，以后作业不要妈妈管了，睡觉不要爸爸陪了。"孩子会鼓励妈妈："妈妈你不要老觉得别人优秀，你也很棒的，每个人都有自己的长处。"她开始信任父母，也会表露自己的困难："妈妈，我现在就是静不下来。"有一次，妈妈脾气急，两个人发生了冲突，和解后她对妈妈说："我以为我做完一项作业你就会再拿出来一项作业，所以才不想写的，你误会了我，我也误会了你。"

这位妈妈说："这段时间孩子的改变让我意识到，她的性格敏感、细腻，很在乎别人的评价。这种性格的优势也很明显，好好沟通，鼓励一下她，她立刻就燃烧起斗志来了。"

期间妈妈的情绪并不稳定，有一次，孩子不想写阅读作业，妈妈说："说好的必须写，你到底想干什么？"孩子不说话，妈妈立刻火冒三丈，直接把孩子拎到了门外，任由孩子在门外大哭。我见过很多家长，但像这位妈妈这样粗暴的并不多见。于是我接下来的工作重点依然是和妈妈讨论，要怎么控制情绪，减少发脾气的频率。

到了第三次咨询，这位妈妈说，孩子的进步很大，每天能自己写作业清单，自己完成简单的作业，遇到难度大的作业会耐心等妈妈辅导。有时候孩子能全部独立完成作业，孩子能听进妈妈的建议，对妈妈没那么抗拒了。发生冲突时，孩子会主动求和，给妈妈一个台阶下。孩子和家里其他人的关系也有所缓和，虽然偶尔还是会起冲突，比如和奶奶、爸爸顶嘴，或者打弟弟。

客观地说，这位妈妈也有进步，妈妈打骂孩子的次数少了很多，虽然有时候实在忍不住会摔书、大声责备，偶尔会摔门而出。

通过这个过程，我们能看到真实的改变。改变并没有一蹴而就，也没有华丽转身。在这个过程中，双方都带着问题往前走，妈妈依然有暴躁的时候，孩子的表现也时好时坏。解决写作业问题的核心是保持客观，我们需要放下完美期待，否则，就会被曲折的解决过程所打败。让人欣慰的是，虽然有反复、有冲突、状况频发，但总体趋势是向好的，这才是真实的改变。

当然，在咨询过程中，随着妈妈的转变，孩子与妈妈的相处方式也有巨大的变化。孩子写作业问题的解决非常出乎意料，我们没有花费太多的力气，她就自动好转了。现在回头看，所谓的写作业问题，根源在于父母的态度影响了这个孩子对作业的感觉。

这一案例的难点和情绪爆发点几乎是同一个，就是妈妈的暴躁情绪。这位妈妈的日志特别有画面感，她总是一言不合就爆发。我们一次次地将咨询的重点聚焦在妈妈的暴躁情绪上。我发现，这位妈妈的暴躁非常有代表性，遇到事情，还没把信息收集完整，情绪就已经崩溃。

这位妈妈在日志中记录了一件事。有一项英语背诵的作业，总共8句话，要求孩子背诵好并录视频上传。孩子主动要求背诵，但背得磕磕绊绊，没多久就叫妈妈来录视频，见孩子背得不太熟练，妈妈心想："自己会不会背还不知道吗，就不能背好了再找我录吗？"想到这里，妈妈瞬间发起脾气。

如果妈妈放慢反应速度，充分认识这件事，根本不必发火。通过我们的讨论，这位妈妈找到了一些改变的思路，孩子还没读几遍，肯定背不下来，这时录视频确实太早了，不过，我应该赞赏她对学习的热情，陪她多读两遍也没什么；她这时候最需要松弛的心理氛围，一句两句接不上，她肯定也着急，我就不再给她增加压力了；她记忆力不错，早晚会背下来的，我又何必替她着急呢；再换个角度想，至少孩子肯背诵，没有轻言放弃，这个经历困顿又不断突破的过程，对孩子是有价值的。

这位妈妈需要咨询的议题及解决思路真的不复杂，她之所以需要连续咨询，是因为对她而言，在日常与孩子的相处中跨越既有的思维惯性，平和地对待孩子，实在太难了。我的角色就是给她提供一个新的视角和一条新的道路，让她慢慢告别从前熟悉的思维惯性和行为路径。

再次强调，要想解决孩子的写作业问题，不能只盯着表象，要找到问题的真正原因，找到情绪的爆发点。

要想解决自家孩子的写作业问题，不能照搬照抄别人的改变计划，而是要根据具体的情况，找出真正的难点，去改变自己，带动孩子。这样的计划未必花哨，贵在准确。解决写作业问题，需要家长和孩子同时做出改变，家长尤其要有更多的耐心和细心。愿家长能安稳地陪孩子战胜最艰难的挑战。

你会给孩子讲题吗
别把孩子的注意力弄丢了

如果我问你："你会给孩子讲题吗？"你会有什么样的感想呢？你会不会本能地想："什么？讲题？我当然会，我都给孩子讲好几年了。"

别忘了，讲课和讲题是老师的看家本领，这是一件非常专业的事。尽管你给孩子讲题讲了很多年，也并不代表你会讲。

就算是老师，也未必都讲得好。我在前面曾经提过我的语文老师，这么多年了，他讲课的场景还历历在目，我还清晰记得在他的课堂上学会了哪些词语，听到了哪些故事。在我心中，他是真的会讲课，是个非常棒的老师。但我也遇到过很多非常不喜欢的老师，他们的课讲得味同嚼蜡。坐在他们的课堂上，我常想："这简直就是在浪费生命，为什么不能把课讲得有意思一点儿呢？"

因为有这样的经历，所以，"如何把知识讲得有意思一点儿"成了我一直琢磨的主题。恰好我经常辅导亲戚朋友的孩子写作业，有了很好的实践机会。而在咨询中，我也会关心家长是怎么给孩子讲题的。有时候，我听完家长的思路，会非常直白地说："不要说你家孩子听不懂，你这样讲，我都听不懂。"每当这时，家长就会错愕地反问："那应该怎么讲？"不夸张地说，我看一遍题，立刻就能说出一个清晰易懂的讲题思路。有的家长甚至说："你很适合去当老师，小孩肯定会很喜欢你。"

讲题是家长无法回避的一个养育任务，我根据自己的辅导和咨询经验，来聊聊该怎么给孩子讲题。

跟孩子一起体会学习的美好

辅导孩子写作业时，家长对知识的看法和态度，会潜移默化地传递给孩子。那么，家长对知识的看法和态度是怎样的呢？你会发现，一说到错题，特别是当孩子错得多或同一个知识点一错再错时，家长就会明显表现出不满和急躁。家长总害怕孩子犯错，期望孩子快点儿学会。显然，家长对错题是担忧的、紧张的、急躁的。

设想一下，如果带着这种担忧、紧张、急躁的情绪给孩子讲题，孩子会喜欢吗？愿意停留在听讲解的过程中吗？如果孩子连停留的意愿都没有，那么，无论家长多么卖力气给孩子讲题，效果都不会好，同一个类型的题目，孩子会一错再错。

其实，没有永远学不会的知识，每个孩子都不笨，学会是早晚的事情，我们完全不必纠结于孩子又做错了几道题。对待孩子做错题，我们不仅要接纳，还可以去热爱。孩子在练习中出错了，家长才有机会参与孩子的知识输入过程，帮孩子加深印象，减少将来出错的概率，这本身是一件好事。我们不妨设想孩子长大了对你说："妈妈，你记得吗，当年的数学题我总是忘了写括号，你至少提醒了我 100 遍吧，你有没有崩溃过？"从一个更长的时间跨度去看，一切都会云淡风轻，只有美好的亲子时光是永恒的。

例如，有位家长说，孩子很怕听写，写错了也不愿意改。我就给这位家长出主意，要想方设法让孩子喜欢认字，让他觉得认字过程亲切好玩。于是，我们想出一个比喻，把生字看作"亲戚"。这位家长对孩子说："我教你一个认字快的办法，你就当这些字都是咱家亲戚，咱家亲

戚有点儿多，可不只是七大姑八大姨，经常来往的亲戚有
3000 多个，还好，你现在已经认识 1000 多个了，而且你
每一年都能新认识四五百个。有的亲戚你已经面熟了，虽
然认识但写不出来；还有的亲戚长得有点复杂，这一个小
点，那一个小横的，你必须多看他两眼才能记得住。"孩
子被这个说法逗得咯咯直笑。后来听写时，这成了他们特
别爱用的一个比喻，家长会说："唉哟，你又调皮了，把
咱家亲戚给认错了。人家明明是'冶炼'的'冶'，你给
写成'治疗'的'治'，咱家亲戚都快哭了，'冶'说，它
是两点水、两点水、两点水……"

孩子的学习有个规律，就是处于开心愉快的氛围，对
知识的吸收效果最好。错题恰好说明孩子知识点掌握得不
牢，营造一个开心愉快的氛围，不仅能让孩子愿意改错，
而且能使孩子加深理解、强化记忆，可谓事半功倍。

别把孩子的注意力给弄丢了

我会习惯性地读取孩子的表情、眼神，在给孩子讲题
时，会格外留意孩子的细微变化。这是因为，你看孩子的
反应，就知道他的注意力有没有跟着你。有时候，你讲
题快了，他跟不上，就会露出一脸迷茫；而如果你讲得啰

嗦、混乱，他听得不耐烦，就自顾自地神游去了。

我还特别喜欢观察其他家长是怎么给孩子讲题的。每当这时，我内心"孩子气"的那一面就上线了，我会一边看一边在心里"发弹幕"。例如，家长不耐烦地说："哎呀，都错几遍了，过来，我再给你讲讲。"我心中就有一行弹幕飘过："还没开讲，注意力就丢了。"或者，家长一边讲题一边讲道理："你再把题目读一遍。学习就是要认真嘛，你们老师怎么说来着，要读题，要把重点圈出来，你看你们班某某同学，学习习惯好，每次都能做到，再看看你，稀里糊涂，这样成绩怎么能追上来呢……"我心中又有一行弹幕飘过："不仅使孩子把注意力弄丢了，对抗情绪也起来了，要吵架。"我就这么一直看下去，弹幕发了一行又一行。事实证明，我预测的准确性相当高呢。

给孩子讲题有一个前提，就是要牢牢地抓住孩子的注意力，否则，无论讲得多么热闹，都是白讲。所谓的"听讲"，是有人讲，有人听，如果孩子不认真听讲，从逻辑上推理，可能是讲的人没讲好，也有可能是听的人没认真听。这本来是各司其职的事情，而在现实中，家长却把注意力不集中的责任都推到孩子身上，这真的不公平。

那么，怎样抓住孩子的注意力呢？概括来说，就是用简洁、准确、好玩的方式与孩子对话。例如，很多家长给孩子讲题，第一步是让孩子把题目读一遍。我们设身处地想一想，孩子读过了、做过了，他对题目已经形成思维定式，你让他再读一遍，他大概率找不出犯错的关键点，还会觉得很烦。这样的开局特别容易弄丢孩子的注意力。我一般喜欢单刀直入，比如："这道题目其实很简单，完全在你的能力范围之内，但是出题的人很狡猾，你中招了，我猜你少看了一个字。"孩子本能的反应就是："啊，哪个字？"接着自己就去读题了，而且会有意识地寻找关键点，不是泛泛地读题。

如果你用简洁、准确、好玩的方式与孩子对话，给孩子讲题，他的注意力一直在，亲子双方也会形成你来我往的交流。你从孩子的眼神中，可以看到他学习的热情。这种讲题的感觉很畅快，孩子对知识的吸收效果也特别好。

讲题最考验功力

我在咨询中发现，很多家长在讲题上容易轻敌："我大学毕业，讲小学低年级的题目，有什么难度？"还真不是这样，你大学毕业，只能证明你会做这道题。但会做未必会讲。你会发现，低年级的题目，有时候更难讲，孩子会在基本概念上转不过弯来。

　　例如，有位家长给我说了一件令她哭笑不得的事情。有一道题目，是 10 元减去 6 元 2 角等于多少？孩子非说等于 4 元 8 角，妈妈反复对孩子说："你减去的不是 6 元，而是 6 元 2 角，因为有 2 角，所以需要借位，也就是说，从第 7 元里面拆分出 2 角来，你看看还剩多少？"孩子一脸的坚毅："4 元 8 角呀。"这位妈妈换了三四种讲法，都没讲通，孩子坚持说是 4 元 8 角。妈妈都快哭出来了。

　　粗略地看，这位妈妈讲题的思路没毛病，孩子为什么就听不明白呢？这是因为，她没有切换到孩子的思维频道，她在用成年人的思维给孩子讲题。而且，她还犯了一个讲题的大忌，就是连续用多种讲法，一种都没讲明白，进一步制造了思维混乱，把孩子绕得晕头转向，甚至让孩子产生畏惧感，一遇到这类题目就犯迷糊。

　　那么，怎样才能切换到孩子的思维频道呢？很简单，模拟孩子的错误解题思路。我们要去探究，怎么思考和推理才会得出这个错误的答案。也就是说，讲题之前，先弄明白孩子是怎么错的。你会发现，正确的解题思路和错误的解题思路的前半部分，往往是重合的，只是在某个地方出现了分叉点。这个分叉点非常关键。找到了这个思维分叉点，也就找到了讲题的切入点。

　　这里我们要思考一下，前半部分思路重合的地方，还要不要讲？我观察到，大部分家长一说讲题，就从头开始讲，但前半部分孩子是会的，你给他重复了一遍，纯属画蛇添足，还常常把孩子的注意力给弄丢了，等你讲到了解题思路的分岔点，孩子已经神游去了，讲题效果怎么会好呢？

讲题最简洁、最高效的方式，是从思维分叉点直接切入。例如刚才这道减法题，我们明白，孩子之所以犯迷糊，是因为他从前算的都是整数，10-6 就等于 4，而这道题引入了小数的概念，他没有转过弯来，妈妈的那些语言描述，进一步增加了他思维的混乱程度。所以，我教这位妈妈一个办法，给孩子画 10 个大圆，排成一排，代表 10 元；在第 7 个大圆里面，画 10 个小圆，代表 10 角；然后，用不同颜色的笔，在里面圈出 6 元 2 角，那么，剩下的是多少，看看图，一目了然。

再举个例子，有个孩子做一道应用题：一列火车长 180 米，以每分钟 0.9 千米的速度通过大桥，从车头上桥到最后一节车厢离桥用了 1.8 分钟，这座大桥长多少千米？这个孩子直接用 1.8×0.9，显然，他没有把车身的长度算进去，这就是解题思路的分叉点。如果我来给他讲，就会单刀直入地问："1.8 分钟走过的路程，包括火车本身的长度吗？"这一句话，就足以把孩子的思路引向正轨。

由此也产生一个推论，给孩子讲题，语言是否简洁在很大程度上决定了讲题的成败。作为家长，给孩子讲题时不妨录音，把录音反复听，或者转成文字，看讲题的语言是否简洁，一切都清清楚楚。

我们来总结一下。给孩子讲题，要让知识变得有意思，除了要切换到孩子的思维频道，还要掌握一定的讲题技巧。总之，讲题的最理想境界，是自己讲得明白，孩子听得开心。

带给孩子心花怒放的感觉
用巅峰的愉悦感化解一切不情愿

解决孩子写作业的问题，虽然我有很多技巧和方法，但我很少用，除非遇到极端不爱写作业的孩子，比如前面提到的我亲戚家的孩子。平时，基本上只是运用语言层面的方法，我就能把孩子带动到心花怒放的状态。孩子一旦极度开心，做什么都有热情，写作业根本就是小菜一碟。

也许你会说，这种状态确实很棒，然而，带给孩子心花怒放的感觉，实在太难了，真的带不动。我必须得说，这种带动不能靠蛮力，要有四两拨千斤的技巧。下面我们就来说说怎样才能轻松把孩子带到这种美好的状态。

持续不发火

说实话，要把孩子带到心花怒放的状态，确实不容易，因为它要求家长守住一个底线：持续不发火。但在很多人看来，这哪里是底线，分明是天花板啊。我非常能理解这种感觉，很多家长觉得，做到持续不发火根本不可能。

其实，发火只是一种外在表现，其背后有一个行为模式，只要调整这个行为模式，就可以改变外在的表现。

备课的时候，我通常会和助理打视频电话讨论。我们的工作氛围比较轻松，我偶尔也和助理家的孩子打招呼，开玩笑，闲聊几句。助理家的二宝4岁，助理说，二宝比大宝难带，一肚子鬼点子，时常会耍赖，很不好对付。前一段时间，助理的小姑来她家住了一段时间，帮忙带孩子。她小姑性格特别好，很擅长带孩子。我们打工作视频时，常听到一老一小在聊天，我多次对助理说："你听，二宝跟你小姑在一起，情绪很稳，语气很平和，说话也更有力量感，很少听到那种耍赖的语调。"助理也说，自从小姑来了，感觉二宝每天都很高兴，也变得容易沟通了。小姑走后不久，她发现，从前那个二宝又回来了。我们打工作视频时，二宝有时候会因为一些小事来找助理，比如，他想看电视，不想吃鸡蛋，想去外面玩之类的。我观察了她们母子俩的互动后，对助理说："你们的互动，都在互相破坏对方的稳定性。"

为什么这么说呢？二宝提出一个要求，想出去玩，助理正在工作，肯定不能带他出去，助理的防御心理出现了，直接说："不行，我没时间陪你。"二宝一听就说："不行，我就要去，在家里没意思，你带我下去。"然后，助理急躁地说："你没看见我正在工作吗？我工作结束再带你去，你先去看会儿电视。"这时候二宝已经不理智了："就是不行，我不想看电视，就要你现在带我去……"接下来，两个人互相纠缠在一起。用助理的话说："在这样的小事儿上，我特别容易和二宝发生冲突，有时候，感觉我俩都是小孩。"

我们来分析一下这个过程。二宝提出助理不能答应的要求时，助理的心乱了，她的稳定性也动摇了。而当助理直接说"不行，我没时间陪你"时，孩子也愣住了，想："不行啊，那怎么办？"这种感觉也动摇了孩子的稳定性，他回过神儿来，想不到别的办法，只能继续纠缠："不行，我就要去。"接下来的互动，可以形容为两个人互相推搡，互相破坏对方的稳定性，彼此都越来越急，最后就发生冲突了。

我建议助理，即便不能答应孩子的请求，也要放慢节奏，稳稳地回应。例如，二宝说要出去玩，助理可以稳稳地说："哦，你想出去玩啊，可我没时间带你呢，我工作完可以带你去……现在就要去啊，那么急，可是，我走不了呢。"当然，这些话不是一股脑儿说给二宝，而是慢慢悠悠地说出来，每句话之间都留有空隙，让二宝可以表达他的想法。

这之后，发生了一件类似的事，助理试着慢慢地说，两三个回合后，二宝就跑开继续自己玩了。对二宝的反应，助理很诧异。其实，孩子在互动中，虽然没有达成目标，但是因为互动中有对话的空间，他的稳定性没有被破坏，所以，他选择用积极、理智的态度回应妈妈。

我为什么要举这个例子呢？因为从这两种不同的互动方式，能预测未来二宝写作业的状态。如果是前一种，两个人互相破坏对方的稳定性，负面情绪纠缠在一起，那么，一旦加上写作业这个任务，就会是雪上加霜。相反，如果放慢节奏，就算加入写作业这个任务，亲子间依然可以安安稳稳地对话，哪怕孩子说不想写作业，家长也可以慢条斯理地劝说："你不想写啊，那就算我同意，老师也不会同意啊，你说怎么办呢？你也没办法，就是不想写，到时候你老师该有办法了，小心老师把你拎到办公室，看着你写。好了，不想写归不想写，念叨两句就得了，该干吗就干吗去吧。"

与孩子相处，只要彼此都有空间，能消化情绪，不纠缠，不推倒情绪的多米诺骨牌，就可以相安无事。你会发现，稳稳地对话，中间有沉默、有等待，会营造一种很奇妙的气场，很好地保护双方的稳定性。有了这个稳定性作为支撑，就真的可以做到持续地不发火。

让语言开出花来

在亲子互动中，要保全双方的稳定性，彼此安稳、理智地互动。如果真的做到了这一点，你就会发现，原来与孩子相处是如此美妙的事情。

一旦双方都处于稳定状态，你会惊讶地发现，孩子会有意识地呈现他身上隐藏的优点，看着他，你会忍不住感动。

以我的小侄女为例，我们日常的互动就非常安稳、非常愉快，有时候，她身上迸发出来的热情会让我特别惊讶。上次回老家，我只是提了一句写作业的事，她立刻就去写了。

最让我印象深刻的是，有一天晚上临睡前，她特别兴奋地提议："明天早晨咱俩起来做早餐吧。"在此之前，我从来没见她做过早餐，而且，她并不把这件事当成累人的家务，反而当成特别令人期待的事。她还饶有兴趣地念叨："可惜太晚了，来不及备料，咱们明天做点啥呢，只能看家里有什么食材了……"临睡前，她最后嘱咐我一遍："我定闹钟了，明天早晨我叫你，你一定要起来哦。"果然，第二天天刚蒙蒙亮，她就喊我起床。她特别有小主人的风范，由她主导，我打下手，给全家人做了一顿丰盛的早餐。

当孩子主动呈现自己的美好状态时，亲子关系就进入了一个全新的阶段。你会发现，这是一个良性循环，彼此内心都生发出醉人的喜悦感。在这种状态下，家长不用疲于应付孩子的各种状况，彼此都会很自然地去为亲子关系锦上添花。如果我们和孩子说的每句话都很令人愉快，那么双方都将获得强大的心灵力量。我把这种情形称为"让语言开出花来"。

怎样才能让语言开出花来呢？我认为，至少要做到两点。第一，要活在当下，打开自我，充分接收孩子的信号，细致地感应孩子在哪些地方渴望得到回应，我们在哪些地方特别想回应孩子，然后就可以依照自己本来的表达方式回应孩子；第二，对回应孩子的语言进行二次加工，找出一些特别的地方，用生动、好玩、幽默的语言进行修饰。

例如，有个孩子做数学题，4+7n–3n，这个孩子得出的结果是 8n。我们可以直白地告诉孩子，4 和 7n 不是一个类型，不能相加。也可以对这个语言进行二次加工，比如："哎，4 和 7n，人家就不是亲兄弟好吗？如果它俩能相加，那么，请问 4n+7n–3n 又等于多少呢？你这是逗我玩呢？还是逗 n 玩呢？"孩子听了这句话，通常会咯咯直笑。

再举个例子。帮孩子复习时，妈妈向孩子提问题，如果对孩子说："我先问一些简单的题目，再问一些中等难度的，最后问一些难度高的。"这样的表述也算清晰，但不够好玩。我们可以对语言进行二次加工，加入比喻。比如："我可要考你喽，你做好迎战的准备了吗？"孩子说："你放马过来吧。"妈妈说："好，但我不是放一匹马过去，我手头有一群马哦，我先放个小马驹过去，试探一下你的底线；再放一些高头大马，探探你的虚实；最后，我要把汗血宝马放出去，肯定能难住你……哎呀，我放出的马有去无回呀，还不错，问啥都会，棒棒的，给你点个赞。"

一段话，如果平铺直叙地讲，孩子听了通常没什么感觉，如果点缀一些幽默好玩的元素，孩子的热情瞬间就会迸发出来。父母如果能通过语言带给孩子心花怒放的感觉，接下来，孩子不管做什么事情，都动力十足，父母的管理工作也圆满完成了，这是一种最省力的教育方式。

循序渐进地放手
愿每个孩子都能抵达心流状态

我一直说，我和作业有不解之缘。通过写这本书，我感觉这份缘分似乎又加深了一层。

我曾经不止一次问自己：假如让我再次回到童年，如果我写作业依然严重地磨蹭拖拉，我是否希望有人管着我？

说实话，我希望有人管着我。

也许有人会反对这个观点，说这是一种控制，而你自己居然心甘情愿地被控制。或者有人会说：你后来不是变好了吗？你看，就是因为这段经历，你才变得更强大。

我想，这样说的人，要么是不了解我，要么是不了解这个改变的过程。是的，我从不爱写作业到认真写作业，这个改变似乎是一个很励志的故事，然而，这种改变是有代价的，我前后经历了六七年的挣扎，只有我自己知道，在这六七年的时光里，我的内心经历了怎样的煎熬。本来我小时候玩得很开心，如果在学习上也能找到开心的感觉、写作业很顺畅、学习很有成就感，我童年的幸福指数会大大提升。

虽然我付出了很大的代价，但毕竟战胜了自己。而有多少孩子，挣扎着，挣扎着，最后就放弃了，彻底失败了，其实，他们才是沉默的大多数。

最重要的是，现在回头去看，这种挣扎本可以不必经历。如果我有幸遇到一个内心有力量、情绪稳定的人张弛有度地管着我，干脆利落地把我从作业这个泥潭中拉出来，也许我的人生都会被改写。

当然，如果我很不幸地遇到了一个情绪不稳定、内心力量不足、爱焦虑、爱发火、盲目乱管孩子、只会帮倒忙的人，还不如独自挣扎。

我相信，每位家长管孩子写作业的出发点一定是帮孩子，而不是帮倒忙。本书与大家分享的恰好是帮忙的方法和经验。这些方法并没有严格的使用场景区分，使用时要把它们融合到一起。例如，某一个晚上，你管理孩子写作业，可能同时会用到改善亲子关系、调整自己的"感觉拼盘"、控制情绪不崩溃、将写作业问题一眼看到底、最低限度介入、辅助孩子形成自控力等方法。

说到底，我们管理孩子写作业，给孩子帮忙，辅助他形成自控力，是一个阶段性的任务，接下来要做的事情是逐步放手。

放手是大趋势

说到管理孩子写作业，很多家长的第一反应是"快给我个方法"。其实，找到方法是容易的，执行方法也是容易的，最难的是孩子肯合作。

令家长苦恼的问题通常是："我们家孩子磨蹭、不好好写作业，我管他，他不听我的。"

所谓的"不听"，也就是不合作。如果你仔细回想本书的内容就会发现，其实我们大部分精力都用在了解决"不合作"这个议题上，也就是说，让孩子听得进我们的话。当然，这个"听"，不是让孩子盲目服从，而是保持沟通渠道的通畅。

孩子合作了，我们才进入管理写作业的第二个议题："怎么管？"前文讲到最低限度介入，也就是少管，先找到现实的管理边界线，然后在这个基础上，小幅度降低管理频率。这个办法相当于且战且退，在管孩子的同时，启动放手的程序。

放手最核心的思想，就是要沉得住气。我经常管理亲友的孩子写作业，也许他们不知道，我会在他们身上做各种尝试和探索。比如，有个亲戚家的小孩，我们约定9点开始写作业，他也答应了。到了约定的时间，他没有去写，我就想："是提醒他呢，还是再等一等？"我决定试验一下，给自己设定了一个等待的底线，并且准备好了大致说辞，比如，到了9:30，我可能会半开玩笑地说："那个小孩，你玩得挺开心呀，你好像忘了点儿什么事吧？"

准备好对策，我开始耐心地观察他。他一边摆弄着玩具，一边看着电视。我挺好奇，他是否记得写作业这件事情？我继续观察，后来发现，他会时不时瞄我一眼，眼神中有些不安和躲闪。我想，他是知道要写作业的，只是内心一直在挣扎。而我呢，一脸平静，不表露任何态度。那个沉默的过程很奇妙，你不知道下一分钟是否会出现变化，只能带着好奇耐心地等待，大约9:20，他缓缓起身，恋恋不舍地放下玩具、关闭电视。看着他默默走向书桌的背影，我心中一阵莫名的感动。在这沉默的20分钟里，我分明看到某种力量在悄然生长。

当我发现这个孩子经过挣扎能主动去写作业时，我对他的自控力又多了一份信任。下次遇到同样的情况，我都会选择沉默、等待。根据我的经验，几次之后，孩子的自控力会进一步增强，在催孩子开始写作业这件事情上，就可以逐渐放手了。

从这件小事中也能看出，放手并不是一个机械的行为，很多时候，我们就是用试验的心理去尝试，带着好奇，饶有兴趣地观察下一秒会发生什么。如果你能沉得住气，会觉得这个过程挺好玩的。

保持监督的张力

对孩子的放手，要敢于去尝试，但也不能太盲目。前文说了，写作业这个问题，处于能力线和感觉线的交叉点上，并且需要家长和孩子共同做出改变。写作业问题的解决，有时候需要一两个月，有时候需要三五个月，严重的情况甚至需要一年半载才行。所以，不要盲目放手，这个过程，要小幅度降低管理频率，但不能太冒进。

我曾经遇到很多冒进的家长。比如有一位妈妈，看了一些育儿图书，一激动，把孩子叫过来说："写作业是你自己的事情，妈妈充分信任你，你看会儿电视，自己写作业吧，妈妈出去办事儿。"这位妈妈一出去就是一整天，傍

晚时，兴致勃勃地回来，进门一看，客厅一片凌乱，到处
是零食果皮，电视显然是孩子听到开门声才关的，一问作
业，只写了三行，这个结果让妈妈的情绪彻底失控了，她
狠狠地骂孩子，最后还忍不住打了孩子一顿，孩子哭着睡
着了，妈妈又特别内疚。这哪里是循序渐进地放手，分明
是大撒把。一个严重磨蹭的孩子，没有受到任何外力监
督，却有电视、零食的诱惑，他很难挣扎出这个泥潭。

像这种情况，家长直接放手，显然为时过早。所以，
对孩子改变的漫长过程，我们要拿捏好分寸，逐渐尝试着
放手，但也要保持监督的张力。

例如前面提到的我亲戚家的孩子，虽然他的自控力还
可以，但我还是设定了半小时的等待和观察时限，如果到
了预定时间他仍不去写作业，我就会出面提醒，让他回
到写作业的主题上，而不是一直放任他玩下去。这就是监
督的张力，这个力量不显眼，但一直都在，是一道沉默的
防线。

愿每个孩子都能抵达心流状态

当我们循序渐进地放手，孩子的自主性逐渐增强，能
自动自发地写作业，而且这种自律状态还迁移到生活的方

方面面时，孩子的精神面貌会发生翻天覆地的变化，你甚至能从他的举手投足中感受到一种活力以及从容笃定的感觉。

我写这本书的目的，是希望给孩子提供切实的帮助，让他们享受求知的乐趣，愿他们保有孩子的天性，自在洒脱、平和喜乐。

一个孩子，如果彻底跨越了作业的障碍，就会逐渐靠近心流状态。最近找我咨询的一个小女孩，有一天对她的妈妈说："我刚才写作业的时候，找到了学霸的感觉，很静、很舒服，我不会描述那种感觉，反正很好。"其实，这个孩子说不清的感觉，就是典型的心流状态。所谓心流状态，就是能全身心投入，进入忘我状态，甚至对时间的消逝都不曾察觉，人的机能处于巅峰状态，做事的感觉如行云流水，畅通无阻，有明显的愉悦感和满足感。

心流状态的体验实在太棒了，就像这个找我咨询的小女孩一样，最开始偶然出现这种感觉，她会忍不住惊叹："哇，原来写作业还可以有这么奇妙的感觉。"当然，如果孩子一直在改变，她遇到这种心流状态的频率会越来越高。这种心流状态实在太有吸引力了，当一个孩子拥有了足够的自控能力、坚持精神，以及统筹安排的能力后，她就有能力主动去追逐心流状态，这时候，她也真正拥有了内在动力，就会被这种感觉牵引着，飞驰向前。

很可惜，我小时候没有享受到这种感觉，不过，经过许多年的探索，我现在时常在工作中达到心流状态。我深刻体会过这种感觉，所以我对一个孩子最深的祝福，就是他能抵达心流状态，使他现在能有高品质的童年时光，未来能拥有高品质的成年时光。

当然，我也希望家长能在教育孩子这件事上找到属于自己的心流状态，愿每位家长能在管理孩子写作业这个议题上体会到四两拨千斤的美妙。你看着孩子，满心欢喜；孩子看着作业，从容自在。